友好的閱讀樹

張曼娟

閱讀學堂

序

為孩子種一棵閱讀樹

張曼娟

如果，要送給心愛的孩子一個禮物，我想，那會是一棵樹。如果，要為心愛的孩子培養一種能力，我想，那一定是閱讀力。

當孩子擁有一棵樹，才能明白四季的運行帶來怎樣的變化；才能體驗枯榮的過程；明白這一切看似無常，卻自有生命的規則，隱藏其間。若孩子擁有閱讀力，他便不會感覺孤單，浩瀚如星空的書籍對他專注傾訴，那些歡喜與憂傷，獲得和失落，追求及幻滅，人活在世界上所經歷的一切「奧妙」，一切可以想像與難以想像的，都在閱讀時刻遇見了。

卡爾維諾在《為什麼要讀經典》中說：「一部經典作品是這樣一本書，用於形容任何一本表現整個宇宙的書，一本與古代護身符不相上下的書。」我從這些字句中找到了「閱讀」的關鍵字：「整個宇宙」、「護身符」，這正是我們希望孩子閱讀的原因。並不是因為閱讀比較有文化或是比較有氣質，說穿了，就只是因為閱讀令我們加深對人生和宇宙的認識，使我們擁有趨吉避凶的智慧和能力，是非常實用的。

現在的孩子坐擁書城，卻對閱讀全然無感。當家長詢問我，該怎麼讓孩子愛上閱讀，我突然發現，最難以取悅的讀者原來是孩子。

孩子的心是最直感的，他們的需求就只是動聽的、有吸引力的故事，至於藝術技巧與創作手法，對他們來講，一點也沒有意義。故事說得好，抓住他們的專注力，他們便會投入情感，欲罷不能。

做為成年人的我們，應該都記得沒有電腦和智慧型手機的年代，故事書是如何的令我們著迷，廢寢忘食吧？如今，做為家長或老師，我們的擔憂與焦慮，卻是孩子對閱讀根本提不起興趣，需要許多威逼與利誘。威逼或者利誘，在某種程度上都是暴力，使用暴力是無法產生真愛的，因此，我們的孩子很難愛上閱讀。既然如此，就用最原始的方式，「誘引」孩子走進閱讀的世界，讓他們心甘情願的與閱讀長相廝守。

了解了華人地區的童書發展之後，我發覺台灣的讀者是最幸運的，因為我們出版的童書類型最廣泛，品質最精良，簡直是美不勝收，絕對是讓孩子愛上閱讀的最佳環境。而學校推動閱讀，家長樂於買書，萬事俱備，只欠東風，那就是為家長與老師準備的「誘引手冊」。

有了這樣的想法，我和「張曼娟小學堂」兩位年輕的資深教師開始了熱烈的討論，她們都是童書的長期讀者，也常將童書帶進課堂教學中，與孩子產生熱絡的互動。從旁觀察，我發覺共同讀完一本書之後，孩子會覺得自己被知解，願意分享他們的感受，甚至樂意將這些想法寫下來，於是，連創作也變得輕而易舉了。

因為兩位老師年輕熱情，有許多彈性的想法和作法，讓閱讀充滿各式各樣的可能性。又因為她們已累積了許多教學經驗，更善於引導孩子閱讀的情感，給予他們適切的啟發，因此，閱讀也可以很有創意，趣味無窮。將這樣的實際經驗撰寫成為「誘引手冊」，讓家長與老師可以分享，陪著孩子一起閱讀，當故事的翅膀碰觸孩子柔軟的心靈，我們也能感受那樣的酸楚與幸福。

然而，在這浩瀚的書海中，如何為孩子挑書呢？我們想到的是「護身符」這樣的概念。教育部公布的〈品德教育促進方案〉裡的六大品格——「尊重、責任、公平正義、信賴、關懷、誠實」，不正是孩子可以終身配戴的護身符？若再加上與孩子關係最密切的「親情」與「友情」，這樣的情感教育，那麼，八個主題，就算是相當完備的一套親子共讀手冊了。

每一篇文章都先簡短的敘述一本書的故事，讓使用者略知一、二，做為選書的依據，接著便從主題中引伸子題，點出故事的思想與情感，讓孩子產生更多的共鳴。讀完一個好的故事，肯定會有許多想要討論的想法，需要聆聽、表達與分享，因此，兩位作者設計了許多問題引導、活動、遊戲與寫作練習。每個主題結束時，還有單元活動，書中更附上讀書會的實境演示，可以說是一套實用指南了。

蔡盈盈老師選出三十六本書，包含了「尊重、公平正義、信賴、友情」四個主題，我們必須與自己、與他人友好，這本《友好的閱讀樹》，企圖建立一個善意的環境。李欣縈老師選出的三十六本書，包含了「關懷、責任、誠實、親情」四個主題，我們總希望自己能夠愛人，也被人所愛，這便是《親愛的閱讀樹》想要達到的理想。

這是「閱讀樹」，也是「閱讀術」。為了孩子，也為了曾經是孩子的我和你。讓我們從現在開始，陪伴孩子一起閱讀，在孩子心中種植一棵閱讀樹，這棵樹將在孩子生命裡茁壯繁盛，綠葉成蔭，庇護著他們躲避世間的焦荒，得到安靜的清涼。

contents 友好的閱讀樹

Part. 1

尊重

Part. 2

公平正義

Part. 3 友情

Part. 4 信賴

Part. 1

尊重

生活中不該只是用
「分數」、「成就」、「金錢」
來衡量一個人的價值。
我們應該多教導孩子什麼是「相互的尊重」，
因為，這個世界「不是你一個人所擁有」，
也「不是為了你而轉動」，
我們要傾聽不同的聲音、
接納不同的人種和不同成長背景的人，
這才是一個多元社會真正的價值。

需要的，只有尊重

習慣在搭乘捷運的時光，讓音樂和文字陪伴我度過。非尖峰時刻，恰到好處的車廂溫度加上光線，總癡心妄想若能配上一杯熱咖啡，就是極致的享受。

突然，不自然且響亮的聲音，不協調的闖入這片刻的悠閒氛圍。我抬頭找尋才發現這聲音源自於斜對角座位上的女子。除了無法控制的怪聲及聳肩動作，她的表情更顯現難以掩飾的尷尬。車子持續穩定的移動著，但是坐在兩旁的乘客卻以一種稱得上「倉皇逃跑」的姿態，快速拎起包包移動到其他車廂。原本的平靜因為這異樣的聲音而出現詭譎的氣氛，其他沒有移動的乘客，則是不自覺的將眼神飄向女子的方向，冷眼旁觀，彷彿也在準備見機行事。

女子和我同一站下車，車門一開，她邊跑邊發出響亮的怪聲衝出捷運站。我很心疼，因為我知道她並不是其他人眼中的「精神有問題」，她其實是一位「妥瑞氏症」患者。她的外觀與穿著和一般人沒有不同，但因為旁人的不了解所產生的恐懼和排擠，讓這些朋友害怕接觸人群，成為社會及團體中的孤立者。

教學過程中也曾遇過一、兩位這樣的孩子，家長獲知診斷結果時的無法置信；告訴他人時的忐忑不安；懼怕孩子被社會孤立的擔憂等等，那樣的情景不禁又再度浮現眼前。我能理解倉皇離開的乘客並沒有惡意，因未知的恐懼，所以有了遠離的防衛機制，這是我們的教育一直告訴學生的生活準則。可是，除了自我防衛，我們是否也缺少了「將心比心」的體貼？

此外，社會對於同志的歧視排擠，對肢體殘障者缺乏體貼設計，在在都是因為我們用所謂「一般人」的視角，自以為是的標準去規畫這個社會的規則。生活中不該只是用「分數」、「成就」、「金錢」來衡量一個人的價值。我們應該多教導孩子什麼是「相互的尊重」？因為，這個世界「不是你一個人所擁有」，也「不是為了你而轉動」，我們要傾聽不同的聲音、接納不同的人種和不同成長背景的人，這才是一個多元社會真正的價值。

因此在這個單元的選書及設計上，我們除了想讓孩子學會尊重和自己不同的行為、外表、性別的人之外，更要孩子學習尊重自己並建立自己的價值。在《大舌頭》的故事中，我們要讓孩子知道，應該懂得惜福，珍惜自己身體的健全。因為有很多對我們來說輕而易舉的事，對某些人而言，卻要花上好幾倍的時間，用盡全力，忍受極大的挫折與努力才能完成。而《你很特別》這個故事裡，則點出我們往往因在意他人的看法，讓自己的身上貼滿影響心情的貼紙，但每個人都是獨一無二，也是最珍貴的。唯有肯定自己的價值，才能不被他人貼標籤，活出精采的人生。

除此之外，我們也與孩子討論「性別認同」的話題。在保守的社會規範中，世界只能有「男生」和「女生」，是無法接納「中間值」的。而這些「中間值」並不是怪物，也不是現在才出現的新產物，只是因為曾經被刻意掩蓋起來，而不被了解與重視。不過，我們要分享給孩子的，並不是教他們給予這些人特別多的同情，而是要去學習同理心及相互尊重。

學會尊重自己與他人，才能讓這個世界的每個人，都擁有最基本的生存權利：平等。

第1章 尊重與我不同的行為和創作

《像不像沒關係》

《飛行刺蝟》

《癡人》

像不像沒關係

適讀年齡：國小中低年級

故事簡單說

小鎮廣場上總是空空蕩蕩，似乎缺少什麼。動物們決定邀請新鄰居雕塑家庫西先生，幫忙在廣場上做一個新作品。到底要做什麼呢？大家七嘴八舌的討論，每一隻動物都希望能依照自己的模樣去設計。

等了好長一段時間，廣場上的黑色布幔終於揭開，但是所有的動物一看都很不喜歡，因為這個怪東西什麼都不像，大家還說等過完冬天，就要請庫西先生把雕塑搬走。春天到了，沒想到大家總不自覺的圍著雕塑，而且再也沒人提起要搬走它的事。

直到那天，一隻停在雕塑上的大黑鳥讚歎著作品實在太棒時，大家才終於發現，原來，這雕塑融合了動物們的特徵和優點啊！

生命共同題　很像才是正確？

畫畫，是許多孩子喜歡的活動，但很多人一定都遭遇過畫好了以後，得到「不像」或者「很像」的評語。被說「不像」的孩子，可能就會因為每次都不像而開始認為自己根本不會畫畫。獲得「很像」的稱讚者，則有可能以後的繪畫都以「很像」為前題，而喪失了創意。除了像不像的角度，我們是否能用其他不同方式來觀看事物？透過這個故事，或許我們可以和孩子一起來思考，是不是一定要很像才是好的？而除了自我認同的價值之外，我們是否有雅量去尊重別人的不同？

心情轉運站

- 為什麼大家會想找庫西先生做雕塑？如果今天被委託的藝術家是你，你會用什麼方式改變空蕩蕩的廣場？
- 大家為什麼會希望雕塑像自己？有什麼兩全其美的方法可以完成大家的期許？
- 為什麼庫西先生會在河邊玩水、躺在草地上發呆？
- 你認為大黑鳥看見雕塑會讚歎的原因是什麼？
- 你覺得無論做什麼事都要「完美」、「一模一樣」、「不容許失敗」嗎？說一說你心中的想法和見解。

小活動

你覺得庫西先生完成的是一個什麼樣的雕塑呢？請發揮你天馬行空的創意，在圖畫紙上畫出那座雕塑。

info

像不像沒關係

作／繪者：湯姆牛
規格：精裝｜36 頁｜20.5×28.1cm
出版社：小天下
出版日期：2008 年 1 月初版
（圖片提供／小天下）

作者 湯姆牛

1966 年生於台北，從小在眷村長大。畢業於國立藝專雕塑科後，一直從事創意行銷工作。喜歡跨領域的表現形式，希望常保創作新鮮感與可進步的空間。主要作品有《湯姆的服裝店》（信誼）、《大家來洗澡》（台灣麥克）等。

飛行刺蝟

適讀年齡：國小中低年級

故事簡單說

珍妮的爸爸因為工廠倒閉而失業了。起初，爸爸還能以偷閒的心態面對，展現他的好手藝，把家裡好好的整修一番，並且實現延宕了很久的諾言，開始幫珍妮蓋一間她夢想的小木屋。一方面爸爸也很積極的找工作，只是四處碰壁。幾個月過去，全家都感染了爸爸找不到工作的沉重心情，爸爸也越來越意志消沉，鬍子不刮、澡也不洗，整天在家裡看電視，珍妮與媽媽看著這樣的爸爸都憂心忡忡。有一天，老師宣布班上將參加全國性的飛行物體比賽，但需要有家長來帶領小朋友一起製作，珍妮想到爸爸的好手藝，更重要的是，失業的爸爸擁有「很多時間」，可以協助大家參加比賽。

於是爸爸開始跟著珍妮一起上學，在指導全班製作飛行物體的過程中，不但找回了自信和快樂，也激發同學們的創意。最後，全班決定設計「飛行刺蝟」當作比賽主題。大家集思廣益，找尋身邊任何可以再利用的零件當作材料。當「飛行刺蝟」慢慢升空時，珍妮發現最閃亮的光芒是爸爸的笑容。雖然最後只得到第二名，而且爸爸還在失業中，但他決定參加職業訓練，成為兒童休閒中心的美術老師，他也完成了要送給珍妮的小木屋，那棟爸爸親手打造的小木屋，對珍妮來說是全鎮最漂亮的，而且毫無疑問的，是一件獨一無二的藝術品。

生命共同題——創意是沒有設限的

創意是沒有設限的，就如同故事中的飛行體比賽。在大家決定好要做的物品之後，各自天馬行空的做出想像中的刺，當然模樣各不相同。珍妮的爸爸也相當尊重所有孩子的創意，沒有批評，一視同仁的將大家所做的刺都放進去，成了一個獨一無二的飛行器，儘管最後沒有如願得到第一名，但所有的孩子在過程中，都享受到前所未有的樂趣。其實只要能發揮創意，任何能想到的題材都可能慢慢升空，哪怕是大象或者是刺蝟。藉由故事閱讀，我們可以引導孩子尊重不同的創意思維。

心情轉運站

- 珍妮的爸爸為什麼會感到沮喪，並且使得全家籠罩著烏雲？
- 因為什麼樣的機會讓珍妮的爸爸再次展現笑容？
- 珍妮的班級最後以什麼為比賽主題？他們創作的概念來自於哪裡？他們如何分工創造出飛行的刺蝟？
- 比賽的結果有讓全部的人滿意嗎？你認為在分工合作和接受比賽成績的過程中，他們學到了什麼？
- 你能想到哪些「在困境中反而因此找到生命契機」的故事及形容詞嗎？

小活動

除了故事中提到的「飛行物體」，你心中是否也有一個「飛行物體」呢？請畫出它的設計圖，並簡單的敘述你的構想。

info

飛行刺蝟

作者：阿涅絲·德·雷史塔德
繪者：夏洛特·德·林涅希
譯者：尉遲秀
規格：平裝｜120頁｜13.8×21cm
出版社：天下雜誌
出版日期：2010年4月初版

（圖片提供／天下雜誌）

作者　阿涅絲·德·雷史塔德　Agnes de Lestrade

生於1964年，目前住在法國吉隆德省加隆河畔的偏遠鄉下。她身兼數職，既是雜誌的專欄記者，也創作了一些團體遊戲，而且還是造形藝術與音樂（包括吉他、手風琴與她自己作的歌曲）的解說員，閒暇之餘則用來寫作。2003年出版了第一本書《再也不想吐口水的女孩》之後，先後曾與多家出版社合作，共發表過五十餘冊的繪本與小說。

繪者　夏洛特·德·林涅希　Charlotte des Ligneris

1984年在巴黎出生，史特拉斯堡裝飾藝術學校插畫組畢業。入選2008年蒙特婁童書展新人競賽，獲得「兒童票選獎」。《飛行刺蝟》是她出版的第一本童書。現往返於倫敦和巴黎兩地工作、生活。

譯者　尉遲秀

1968年生於台北。曾任報社文化版記者、出版社文學線主編、輔大翻譯學研究所講師、政府駐外人員，現專事翻譯。譯作有《生命中不能承受之輕》、《笑忘書》、《不朽》、《緩慢》、《生活在他方》、《巴爾札克與小裁縫》、《戀酒事典》等書。

癡人

適讀年齡：國小高年級以上

故事簡單說

這是由一張畫——「富春山居圖」，及兩個不同時空交織穿插的故事。故事開頭描述清朝時期收藏家吳問卿，他在自家庭院蓋了一座「富春軒」，收藏書畫，這裡是吳府的禁地，平常只有賀大叔可以進去打掃。某日，因為賀大叔的腳病犯了，小丫頭醜兒藉著打掃的機會，進入這個珍藏書畫的祕室。聰明伶利的醜兒，很得吳老爺的歡心，吳老爺告訴醜兒，那幅讓他不自覺掉淚的畫叫「富春山居圖」，是出自元代畫家黃大癡之手。醜兒沒想到吳老爺愛這幅畫愛到癡狂，後來病危時，甚至還點火想燒掉它來陪伴自己長眠。醜兒無法違背老爺堅定的心意，卻又不忍名畫就此絕跡，因此用計從火光中搶救起這幅畫，但毀損的「富春山居圖」卻也從此一分為二。

故事的另一段，描寫黃大癡（黃公望）創作「富春山居圖」的經過。黃公望到七十九歲才提筆繪製這幅千古名畫，費時四年後完成，在這段期間，四處漂泊的他，遇見了賣油餅的小孩碩人，忘年之交讓彼此的生命有了獨特的回憶。故事藉由雙線的情節發展、交錯，呼應出畫家用生命塗染的作品、對山水景物的癡迷，以及愛畫人對於畫的癡狂。

生命共同題——生命有期，藝術永生

故事中的吳老爺愛畫成癡，甚至希望可以跟這幅畫作同生共死，在旁人看來簡直是極端不可思議的事情，僕人間也都以著了瘋魔來稱之，但正如宋晶宜在〈雅量〉一文當中談到的，人都會去追尋自己喜歡的事物，看法與觀點也不盡相同，沒有什麼是非對錯，只需要尊重彼此不同的看法和觀點。透過故事中愛畫成癡的吳老爺這個角色，我們可以跟孩子一起思考，面對自己的心愛之物，該以怎樣的態度來對待才是合宜的？

心情轉運站

- 說一說作者是如何安排吳老爺、醜兒和「富春山居圖」之間的關係。
- 看完這個故事，你認為「富春山居圖」是一幅怎樣的作品？請說說你心中的看法。
- 「富春軒」的文字密碼鎖是什麼？這句話出自哪裡？其中的意義是什麼？
- 藉由這幅畫和繪圖者資料的尋找，你能說出黃公望的生平及「富春山居圖」的原由及畫作流向嗎？
- 你認為作者安排碩人與黃公望這對忘年之交的用意是什麼？黃公望對於人生的態度又是什麼？

小活動

「富春山居圖」是黃公望出遊時所見的風景，現在請你找一張到郊外遊玩的照片，並就照片中的風景和當時的回憶，創作500～600字的遊記，完成後記得把照片貼在稿紙上喔。

info

癡人

作者：蔡宜容
繪者：蔡宜芳
規格：平裝｜176頁｜19×26cm
出版社：小魯文化
出版日期：2011年7月初版

（圖片提供／小魯文化）

作者　蔡宜容

英國瑞汀大學兒童文學碩士。
著有《超時空友情》、《邊城兒小三》、《舟舟的日記》、《晉晉的四年仁班》、《石縫裡的信》、《中美五街，今天二十號》等書。
譯有《謊話連篇》、《貓頭鷹恩仇錄》、《史凱力》、《說來聽聽》、《變身》、《魔法師的接班人》、《發條鐘》、《紅寶石迷霧》、《北方之星》、《井中之虎》等書

繪者　蔡宜芳

佛光大學藝術學研究所碩士。
只畫姊姊的書。

第2章

尊重與我不同的外表和性別

大舌頭

適讀年齡：國小中低年級

故事簡單說

「大舌頭」小米，只要一說話，同學們就忍不住笑出聲，因為天生口吃，導致他口齒不清，沒人聽得懂他到底在說什麼。尤其小時候家中的失火事件，正因為他的口吃而延誤救火時機，這個陰影一直揮之不去，因此小米覺得每次開口說話，壓力就特別大。升上三年級後，新導師朱老師成為小米的救星，只要發現同學欺負弱小，朱老師就會用說故事來機會教育。沒想到趁朱老師請假期間，同學故意幫小米報名參加朝會的升旗司儀。這個惡作劇如晴天霹靂，小米嚇得大哭，連續一個星期躲在家裡不肯上學。家人都明白這件事讓小米很受傷，但也告訴他逃避不是解決問題的辦法。

為了證明自己不會被打敗，小米決定接受挑戰，每天放學後留在學校練習。終於，小米勇敢踏上司令台，雖然前兩天讓同學們笑得東倒西歪，但第三天，他聽見全校師生給他的掌聲。小米知道要克服弱點還有一段很長的距離，但他已經出發，並且還因為不放棄的精神而成為同學的榜樣。

生命共同題——將心比心，學習尊重

說話對一般人來說是一件多麼稀鬆平常的事，但對小米而言，是要透過多少的努力才能夠好好的講完一段話，這樣的困境是多數人所無法體會的。生活中有一群人，就像故事中的小米一樣，為了完成大眾眼中看似輕易的事情，要忍受異樣眼光、嘲笑，和付出可能不一定有結果的努力。這本書讓孩子看見這些鬥士們的努力與痛苦，也讓孩子去思考同理心與尊重的重要性。

心情轉運站

- 小米為什麼會成為同學們嘲笑的對象？你身邊有類似這樣的朋友嗎？
- 小米是怎麼當上朝會司儀？他有順利完成任務嗎？過程中他做過哪些努力？
- 在小米努力的過程中，大家都只有嘲笑嗎？從你的觀察，師長和同學的態度有什麼樣的改變？
- 從故事中，我們學到了「體貼」和「將心比心」，現在請你想一想，若是你遇到了正在為生命而努力的朋友，該表現怎樣的態度或協助？
- 為什麼小米會討厭哥哥？是什麼事情讓他終於解開對哥哥的心結？

小活動

你相信「不管有什麼缺點，只要努力就能克服。」這句話嗎？就你閱讀的心得，加上親身經歷，請用300～500字表達你的想法。

info

大舌頭

作者：荷莉
繪者：張睿洋
規格：平裝｜83頁｜18.5×23.5 cm
出版社：狗狗圖書
出版日期：2010年12月初版
（圖片提供／狗狗圖書）

作者 荷莉

本名許慧貞，生於1981年，中國文化大學史學系畢業。從小喜歡幻想，躺在床上天馬行空的遨遊是我每天的例行工作，也因有這種無可救藥的「浪漫」性格，所以常被戲稱為「瘋子」。讓大家喜歡我的作品，更是我人生的目標之一。

繪者 張睿洋

民國65年生，關渡藝術學院畢業，科班出身的素人。在台北出生、長大，書讀不好又不會玩的書獃子。以繪畫營生，希望獲得相對於上班的自由、時間跟空間。擺脫二十年的台北書獃子生活，目前已稍有成果，偶爾在山區遊玩時被當作原住民。

西貢小子

適讀年齡：國小中低年級

故事簡單說

為了負擔家計，越南姑娘阮氏好遠渡重洋，嫁給台灣的跛腳鐘錶師父王新來，生下少寬和少南這一對雙胞胎。原以為從此就可以過著安定的生活，沒想到文化和語言的隔閡，讓阿好在婆媳與鄰居關係中嘗盡苦頭。兒子少寬也因為「新台灣之子」的身分，屢次被同學嘲諷而跟對方起衝突。

直到有一次，少寬因為莽撞，害得媽媽被人指責是只會生不會教的外籍新娘，彷彿是一記當頭棒喝，少寬再也不想用拳頭去保護自己了，他決心要用功讀書，為媽媽爭一口氣；而且，他還要跟爸爸學習修理鐘錶的技術，因為見識過一支壞掉的錶重新走動後，他知道跛腳老爸擁有的絕不是尋常的工夫。至於，當別人又故意問他是哪裡人時，少寬就用爸爸教他們的話回答：「我們是王新來的家人。」雖然一路走來艱辛，但這個家最終還是在這片土地上，找到了屬於自己的幸福。

生命共同題——拋開歧視，歡迎「新同胞」

台灣是一個多元的社會，原本就存在著許多不同文化背景的人群。近年來隨著異國婚姻的增加，被稱為「新住民」的外籍配偶和「新台灣之子」成為眾人關心的焦點。但我們的社會卻因為對他們的認識不足，產生了許多的誤解與歧見。就像故事中少寬的阿嬤，因為不了解媽媽而產生排斥，但在媽媽的努力下，阿嬤也終於化解了心中的結。藉由這本書，讓孩子走進他們的世界，對他們多一點認識，多一些同理心，也體認到雖然彼此的文化和語言不同，但都是在同一片土地上，努力追求幸福的地球人。

心情轉運站

- 故事中少寬提到「不合身的世界」，你能解釋他為什麼有這樣的感觸嗎？
- 你知道什麼是「新住民」和「新台灣之子」嗎？他們跟「原住民」有什麼不同呢？
- 從故事裡，你能發現「新住民」和「新台灣之子」在生活上的困難是什麼嗎？他們真正需要的是什麼？我們應該給予什麼樣的協助？
- 你有「新台灣之子」的朋友嗎？還是你自己就是呢？請分享與他們相處的過程，或是自己在生活上的經驗？
- 學習中國字不容易，但其中的趣味卻不少。請找出自己名字的字義，以及當初長輩命名時的期許和祝福。

小活動

選出故事中你最喜歡的角色，就你的角度幫他寫一篇 300～500 字的人物素描。

info

西貢小子

作者：張友漁
繪者：達姆
規格：平裝｜216 頁｜13.8×21cm
出版社：天下雜誌
出版日期：2009 年 09 月初版
（圖片提供／天下雜誌）

作者 張友漁

1964 年生。台灣花蓮縣玉里鎮人。從事寫作至今十六年，創作，對她而言，是一張很舒適的符合人體工學的椅子。生活裡沒有太多重要的東西，凡看見聽見觸摸到的，都是故事。於是她聽風說故事、看樹說故事，看路邊堅持優雅姿態的小貓說故事，她也看人說故事，所以她寫農夫和漁夫的故事。每一次她看見自己，覺得自己其實也只是一個故事。出版有《黃金鼠大逃亡》、《我的爸爸是流氓》、《十二生肖系列童話十三冊》、《喂，穿裙子的》、《阿國在蘇花公路上騎單車》、【小頭目優瑪】之《迷霧幻想湖》、《小女巫鬧翻天》、《那是誰的尾巴？》、《失蹤的檜木精靈》等童書三十餘冊。

繪者 達姆

在法國遊戲了 4 年，和肥貓 Felix 一起收拾包袱回家，後來臭小米和 119（喵）也加入了這個小小家庭。在清貓砂、趕走想偷吃食物的阿肥與畫畫中度過每一天，期待永遠都可以任性、開心的活在亂七八糟中。代表作品：《天下第一龍》、《換換書》、《傳說中的螢光貓》、《歡喜巫婆買掃把》等

花開了

適讀年齡：國小高年級以上

故事簡單說

這個故事改寫自《鏡花緣》。因為逞口舌之快而被貶下凡間的百花仙子，後來成為秀才唐敖的女兒唐小山。唐小山從小聰穎、貼心，除了能讀書寫詩，功夫也是一級棒；她的弟弟唐大海，最喜歡刺繡和蒔花弄草，對功名一點興趣也沒有。這一年，苦讀多年的唐敖好不容易考上科舉第三名「探花」，卻沒幾天就被撤銷資格，心情沉鬱的他，決定跟著做貿易的妻舅出海散心。當唐敖出遊時，唐敖的妻子在家裡照顧著一雙兒女。相對於樣樣精通的唐小山，成熟懂事不用人操心，柔弱的兒子唐大海，只喜歡作些女紅，讓她煩惱不已。

一家人苦苦等候著唐敖回來，卻沒想到他最後進入小蓬萊求仙修行，再也不想回家。思親心切的唐小山決定出海去尋找父親，而在姊姊離家期間，唐大海把家裡打點得安穩妥當，證明自己是一個負責任的孩子，就算和一般人想像的標準不符，但也可以擁有屬於自己的精采人生，母親對於他的個性，也終於釋懷了。

生命共同題──用尊重接納與我不同的人

「男生要有男生的大器，女生要有女生的端莊。」這是一般人對於男女性別特質的刻板印象。故事中的姊姊唐小山允文允武樣樣行，弟弟唐大海則偏愛刺繡、種花等被定位為屬於女孩子的事，因此引來了鄰人的閒語，母親也一度感到痛心。但如果不符合大眾心中期許的模樣就是錯的嗎？在這個多元的世界裡，每個人都有屬於自己獨特的個性和特色。我們應該用尊重的態度去接納這些不符合世俗標準的孩子，讓他們能健全快樂的成長。

心情轉運站

- 你也曾經因為逞一時的口舌之快而做出後悔的事嗎？你有沒有從經驗中學到如何避免這樣的錯誤呢？
- 故事中出現了很多不同的國家，你最想去的是哪裡？為什麼？
- 你覺得男生和女生的差異是什麼？如果遇到不符合你心中形象的男生或女生，你會如何與他們相處？
- 你了解自己嗎？你喜歡自己嗎？心中最想成為的「自己」是怎樣的人？
- 中國曆法中的十二個月都有各自的代表花和花神，你知道各是什麼嗎？

小活動

請在表格中寫出你認為「男生」和「女生」該有的行為。歸納整理之後，找一找有沒有什麼你常做的行為是與你的性別不相吻合的？

（畫出你印象中男孩的模樣）			（畫出你印象中女孩的模樣）		
★你認為男生應該會做的是哪些事情？	我也做得到	我卻做不到	★你認為女生應該會做的是哪些事情？	我也做得到	我卻做不到
例如：組合機器人模型	○		例如：穿裙子		○

info

花開了

策劃：張曼娟
作者：孫梓評
繪者：潘昀珈
規格：平裝｜220 頁｜17×22cm
出版社：天下雜誌
出版日期：2006 年 12 月初版

（圖片提供 / 天下雜誌）

策劃　張曼娟

中國文學博士與教授，在大學教書逾二十年，出版《海水正藍》等作品集，為暢銷與長銷作家。喜歡從古典或經典中發掘新情感，講故事給孩子聽，是最大的享受。2005 年成立【張曼娟小學堂】，帶領孩子閱讀經典與創作，2006 年企劃創作【張曼娟奇幻學堂】，希望孩子能夠在愛與夢想中成長。2008 年策劃出版【張曼娟成語學堂】，用新編故事來介紹成語典故，讓古代人與現代人親密對話。2010 年策劃【張曼娟唐詩學堂】，以現代的角度詮釋古典唐詩，帶領小讀者用詩人的眼睛與心靈，感受世界。

作者　孫梓評

1976 年生，考上中文系那年，去了一趟日本，途中不知為何就帶著一本《鏡花緣》。窗外閃過許多美麗的風景，書頁間也有著靈魂的漫遊，兩種旅行，一樣動人。曾出版詩集、散文、小說多種，現在白天在報社擔任文字編輯，入夜了就躲回書頁裡，挑一個《鏡花緣》的國度借住一宿，好不快活。

繪者　潘昀珈　Inca Pan

1983 年生，朝陽科技大學視覺傳達設計系畢業。
曾獲「2000 年全國創意之星插畫設計類金獎」，以及「第一屆奇幻藝術獎繪圖類佳作」，2005 年入選義大利波隆那童書插畫展「The Emperor's New Illustrations」單元，之後接受多家平面或網路媒體個人訪問。
目前正進行繪本創作、故事寫作以及實驗技法表現。作品有：《舞動人生》（國立台灣藝術教育館）、《閱讀的魔力》（英國文化協會）等。

第3章

尊重自己與建立信心的重要

《你很特別》
《我是胡阿珠》
《蛋糕學校》

適讀年齡：國小中低年級

你很特別

故事簡單說

小小的村子裡住著一群微美克人，他們是木匠伊萊雕刻出來的木頭人，而且每一個都長得不一樣。微美克人每天只做一件事情，就是互相貼貼紙。遇見漂亮、有才能的人，就貼上金色星星；要是那種掉漆或者什麼都不會的人，則會被貼上灰點點。

胖哥是個全身被貼滿灰點點的木頭人，這使他每天都很沮喪且自卑。有一天，他遇見身上完全沒有貼紙的露西亞，這讓胖哥很驚訝。露西亞說，那是因為自己每天都會去找伊萊。

禁不起好奇心的驅使，胖哥獨自走上通往山頂的小路，走進那間大大的工作室。伊萊彎下身把胖哥抱到工作檯上，若有所思的看著貼滿灰點點的他。伊萊告訴胖哥，把別人的看法看得比自己更重要時，別人就能夠在你的身上貼貼紙。如果要像露西亞一樣，什麼貼紙都貼不上，只有一個辦法，那就是相信自己是被愛、是最特別的。

生命共同題——你，是獨一無二的

生活中旁人有形無形的「評分」，就像金星星及灰點點貼紙，影響著孩子對自己的看法。太多的灰點點會讓他們的信心瓦解，成為故事中的胖哥，自卑而不敢出門，怕會換來更多的灰點點。然而就像故事中的伊萊所說：「只有當你讓貼紙貼到你身上的時候，貼紙才會貼得住。」如果能相信自己，發現自己的特別之處，放下他人對自己的評分，別人也就無法在你的身上貼「貼紙」。相反的，你也能學會接納別人的獨特之處，也就不會在別人身上貼上灰點點或金星星了。

心情轉運站

- 微美克人每天都只做哪一件事情？灰點點和金星星貼紙有什麼不同的意義？
- 故事中的人物角色裡，你最喜歡誰？為什麼？
- 你能發現胖哥的優點，幫他貼上金色的星星貼紙嗎？
- 現實中的你，覺得自己是金星星多還是灰點點多？你喜歡這樣的自己嗎？為什麼？
- 故事中你最喜歡、最讓你感動的是哪一句話？能說說心中的想法嗎？

小活動

伊萊說每個人都是特別的，如果給你貼上三顆金星星貼紙，你能說出它們貼在自己身上的理由嗎？

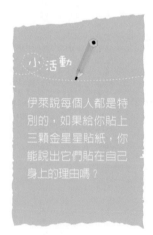

info

你很特別

作者：陸可鐸
繪者：馬第尼斯
譯者：丘慧文・郭恩惠
規格：精裝｜32 頁｜26×23.2cm
出版社：道聲出版社
出版日期：2000 年 3 月初版
（圖片提供／道聲出版社）

作者 **陸可鐸** Max Lucado

是位暢銷基督教成人書作家及童書作家。他的得獎作品包括：《告訴我生命的故事》和《告訴我生命的祕密》、《你所需要的》、《愛你本來的樣子》、《你是我的孩子》、《綠鼻子》及《王者之歌》，每一本都是暢銷童書。更重要的是，他是個愛家的丈夫和父親，有三個女兒，也是德州橡山教會的主任牧師。

繪者 **馬第尼斯** Martinez

馬第尼斯生於墨西哥市，在巴黎習畫，在三大洲擔任藝術指導及插畫家。他曾為迪士尼及其他大出版社作插畫，並為享譽國際的經典文學禮物書作插畫，包括《彼得潘》、《小木偶》和《聖誕頌歌》。

我是胡阿珠

適讀年齡：國小中低年級

故事簡單說

新學期一開始，班上重新排座位，胡阿珠又被安排到老位置，從國小一年級開始，胡阿珠就一直坐在這個特別座，因為沒有小朋友願意跟她坐在一起。原來，胡阿珠有個賭徒爸爸，因為愛賭成性，家徒四壁，胡阿珠的母親受不了，於是離家出走，胡阿珠與妹妹則跟年邁的阿嬤相依為命。因為這個緣故，胡阿珠很怕別人問起家裡的事情。也因為乏人照顧，胡阿珠不知道每天要洗澡和換衣服，導致身上散發濃濃的臭味，儘管後來知道了，但是阿嬤為了省錢，也不贊成她每天洗衣服。因為身上的怪味，功課又不好，同學討厭她、嘲笑她，也孤立她。胡阿珠有著深深的自卑。

後來，阿嬤因為年邁辭世，爸爸仍繼續沉迷賭博，胡阿珠與妹妹於是被姑姑接回家住。生命彷彿黯淡毫無前景的胡阿珠，升上六年級後，終於遇見了貴人——校長。

校長發現她的困難，於是不著痕跡的關心、引導她，讓阿珠學會細心觀察。她為了感謝校長，試著寫作和繪畫，也讓校長發現了她的天分，胡阿珠寫的童詩還被報紙刊登了。一點一滴的累積信心，阿珠漸漸變得不一樣，也讓那些曾經對她保持距離的同學，再次認識、接納全新的「胡阿珠」。

生命共同題——自信的發掘，讓生命盈滿芬芳

生命可能因為一雙溫暖的手、一句讚美、一個擁抱而從此不同。長期受到同學嘲笑，很想努力擺脫污名的胡阿珠，卻因為家庭因素讓她身陷在泥沼中，甚至最後連對自己的信心也喪失了。卻因為校長、老師的鼓勵，她漸漸發現自己的天分，慢慢找回自己存在的意義。藉由這個故事可以讓孩子回想從小到大，曾經在哪些困難的關卡遇到「生命中的燈塔」，讓我們得以重新發掘自己，找到生命的目標。而對那份幫助最好的報答方法就是將溫暖繼續傳下去，期許自己成為他人迷途中指引方向的燈塔。

心情轉運站

- 為什麼胡阿珠很怕別人問起家裡的事情？說一說你的想法。
- 你的生活周遭有類似「胡阿珠」這樣的同學嗎？看完故事之後，你的想法和態度有沒有改變？
- 胡阿珠最讓你欽佩和學習的地方在哪裡？為什麼？
- 什麼是替別人「貼標籤」？你覺得這是什麼樣的行為？
- 你的生活經驗中有沒有出現像故事中的「校長」這樣的人？能和同學們分享你的故事嗎？

小活動

你想為自己埋下一顆什麼樣的「夢想種子」？你又會怎麼「栽種」這顆種子？試著在表格中填上你的夢想種子和栽種計畫。

§ 夢想種子的栽種計畫	
品種：	
栽種計畫： 1. 栽種時間： 2. 照顧方式： （1） （2） （3）	3. 灌溉養分： （1） （2） （3） 4. 夢想種子成長圖：

info

我是胡阿珠

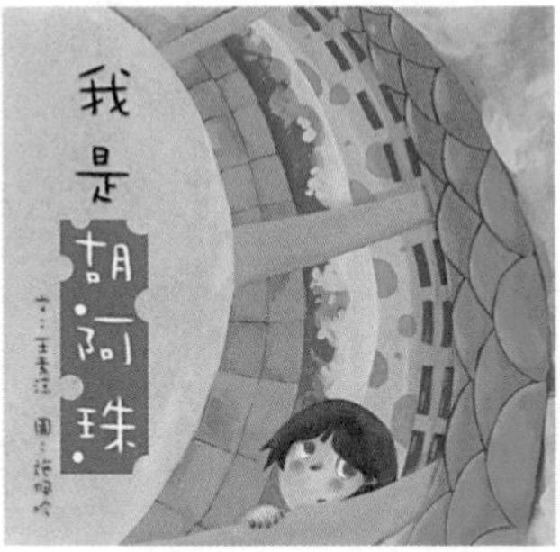

作者：王素涼
繪者：施佩吟
規格：平裝｜168 頁｜菊 12 開
出版社：小兵出版社
出版日期：2008 年 2 月初版

（圖片提供／小兵出版社）

作者　王素涼

臺東大學兒童文學研究所畢業，現為新北市新泰國小校長。曾獲教育廳優良兒童劇本創作第一名、台灣省第十屆兒童文學童話創作優等、第十一屆兒童文學兒童小說創作佳作、國語日報第四屆牧笛獎佳作。第一本在小兵出版的書《我是胡阿珠》，即獲得金鼎獎推薦、教育部人權教育編著獎等大獎。

蛋糕學校

適讀年齡：國小中低年級

故事簡單說

亞哥從小就喜歡吃，功課不好、討厭閱讀、痛恨數學，有時候在學校還會被同學欺負，只有吃是最令他開心的事。有一天，他意外的在圖書館的某份報紙上，看到了一張誘人圖片，上面是圓圓的餅乾，讓他都快要流口水了，他開始嘗試去讀懂這篇食譜，沒想到竟從此改變他的生活。

亞哥決心要完成這份食譜，並且吃掉它！但一開始並不順利，亞哥發現自己因為不懂的字太多，連想看懂食材上的字都很吃力，但對吃有無比熱情的他，為了製作這款餅乾，努力學認字、寫字、加法，這樣就能夠知道製作流程；為了做出更多好吃的蛋糕點心，他花時間去閱讀和朗讀不同的食譜；為了販賣自製點心來賺錢買更多的材料，他學習交易時會用到的乘法和除法。

這一切的努力全反映到了課堂上，他開始讀懂了他一向討厭的書籍，這個巨大的改變連老師和同學都對他刮目相看，最後，亞哥的好手藝闖出了小小的名聲，這也使他建立了從未有過的自信。即使有一次在販賣點心時，遇到故意找麻煩的小混混，亞哥也不再像以前一樣選擇退縮，反而勇敢挺身保護自己的糕點，因為那是他的最愛。

生命共同題——因材施教的魔法

「如果你讀書能像『看電視』那麼認真那就好了！」這是一句多麼熟悉的話。故事中的主人翁亞哥，讓我們看到孩子的學習潛力有多大！想做出好吃的餅乾，引起了他學習的動機，原本不喜歡的算數、閱讀都變成了有趣的事情，更因此重新找回了自信。為人父母及師長的我們，以及閱讀這本書的小讀者，或許可從這個故事當中得到啟發，花點心思找出學習的動力，讓我們的學習也有大進步吧。

心情轉運站

- 因為什麼事而讓亞哥心甘情願學習原本最痛恨的「閱讀」？你自己喜歡閱讀嗎？為什麼？
- 你曾經為了熱愛的事情而「廢寢忘食」嗎？為什麼沉浸在這件事情會讓你開心？你從中有獲得什麼樣的樂趣嗎？
- 除了主角亞哥之外，有沒有哪個角色讓你印象深刻，為什麼？你覺得作者在故事上的安排用意是什麼？
- 請找出亞哥因為喜歡做蛋糕而突破了哪些學習上的困境？你覺得最關鍵的地方在哪裡？
- 故事中提到很多點心，現實生活中，你曾經做過什麼樣的料理呢？讓我們也動手製作一份屬於自己的推薦食譜，填寫在左側的表格中。

◎**料理名稱：**

◎食材與工具（準備所需要的食材及用具）

1.

2.

3.

◎作法（依照料理程序製作）

1.

2.

3.

◎成品照片黏貼（替完成後的料理拍照，黏貼在空白處）

小活動

食譜和料理都完成後，現在的你以美食專家的身分，用文字及「感官摹寫」的技巧，向大家推薦這份色、香、味俱全的料理吧。

◎料理名稱：

1. 視覺（眼睛）＿＿＿＿＿＿＿＿＿＿

2. 嗅覺（鼻子）＿＿＿＿＿＿＿＿＿＿

3. 聽覺（耳朵）＿＿＿＿＿＿＿＿＿＿

4. 味覺（嘴巴）＿＿＿＿＿＿＿＿＿＿

5. 觸覺（皮膚）＿＿＿＿＿＿＿＿＿＿

6. 心覺（內心感受）＿＿＿＿＿＿＿＿＿＿

info

蛋糕學校

作者：荷雪．侯司法特
繪者：王孟婷
譯者：賈翊君
規格：平裝｜184 頁｜13.8×21cm
出版社：天下雜誌
出版日期：2009 年 9 月初版

（圖片提供／天下雜誌）

作者　荷雪．侯司法特　Rachel Hausfater

她會做很多事情：會生孩子（一共生了三個，個個漂亮又聰明），會寫書（到目前為止，寫了十五本左右），會上英文課（她在塞納河－聖德尼地區的一所國中當英文老師）還會做蛋糕。她認為小孩可以邊學邊玩，也可以邊玩邊學。她很喜歡笑，即使人生不如意的時候也一樣。在現實生活中，一如在想像的世界裡，她都和兒童、青少年一起過生活。她知道就算環境很困難，也必須要奮戰，不過最好是以機智取勝，而不要使用暴力。對了，她還非常喜愛巧克力！

繪者　王孟婷

當過幾年流浪漢，喜歡躲在窗簾後偷看路人，出版過幾本圖文書，還會出沒在報紙副刊中，現在跟先生還有 6 個小朋友（3 貓 3 狗）住在原本是香菇倉庫的大工廠裡，覺得畫畫跟吃甜食是全世界最幸福的事，所以只要肚子一餓就無法思考，喜歡吃巧克力蛋糕、重乳酪蛋糕，當然芋泥的也不錯……

譯者　賈翊君

福爾摩沙居民，文化大學法文系畢業，曾擔任影視節目工作，後赴法學習電影。目前從事口譯與翻譯，譯作有《逆流河，托梅克》、《逆流河，漢娜》等。她覺得胖子也要有大聲承認自己愛吃的勇氣……

尊重主題活動單

你一筆，我一畫

希望藉由集體的創作，讓孩子學會尊重每個人獨特的想法。

步驟一

4人一組，分配每個人的順序。(一人一張學習單)

步驟二

A：抽籤決定創作的主題

主題：狗、魚、貓咪、大象、蝴蝶等動物。

B：在3分鐘內，不和組員討論的狀況下填寫學習單（如下）。

C：由老師收回學習單。

※ 題目：你一筆，我一畫	
你的姓名：	
你的順序：	
你們抽中的動物是：	
★你希望牠的輪廓：	★ 你希望牠的表情：
★你希望牠的顏色：	★你希望牠的背景在哪裡？ ★還有哪些裝飾呢？
★從這個活動中，你學到了什麼？（此題等分組圖畫完成後，問題討論時間再填寫）	

步驟三

發下圖畫紙，組員之間經過討論後，15 分鐘內依照順序（如下）完成作品（一人畫一順序），最後由老師收回公布在黑板上。

（順序 1）畫出動物的輪廓

（順序 2）畫出動物的表情

（順序 3）畫出動物的背景和周邊裝飾

（順序 4）幫動物和裝飾著上美麗的顏色

步驟四

老師發還學習單，請同學們對照先前的想法和最後畫出的作品。

Q1：為什麼會有這樣的差別？

Q2：組員討論的過程中，遭遇哪些困難？是愉快的？還是有衝突產生？

Q3：最後共同創造出的作品是你想要的嗎？或是並未在時間內完成？那又是什麼原因導致這樣的結果？

Q4：這個活動讓你學到什麼？

延伸活動

請用生動的文字（150 ～ 200 字），介紹這個由組員一人一部分共同創造出的動物。

Part. 2

公平正義

大家齊聲呼喊「拒絕校園霸凌」口號時，
先讓孩子們知道什麼是「霸凌」。
將心比心的去學習體諒和發掘他人的特質與優點。
讓孩子明白用拳頭解決衝突，是野蠻的行為，
心平氣和的溝通，才是有效化解紛爭的方法。
也才能得到真正的「公平正義」。

遲來的公平正義

近年來，校園霸凌事件層出不窮，也越來越受到教育當局的重視。事實上不僅是肢體上的暴力事件，言語霸凌的傷害更是嚴重。

曾經和從事幼教的朋友談起「校園霸凌」，她私下做過統計，發現被霸凌的孩子往往有個共通性就是「個性溫和」、「忍氣吞聲」，因此讓霸凌者食髓知味。我反問如果就此換個環境，能改善嗎？她語出驚人的說，這些孩子若無法訓練自己「勇敢大聲說不」，就會一直成為被霸凌的對象，很多這樣的孩子到青少年時期會出現「自殘」的情況，甚至成長之後被「社會邊緣化」，不斷的惡性循環。所以當她發現這樣特質的孩子，總會特別給予關注，教導他們「大聲說不」的勇氣。

這不禁讓我想起自己國中時，曾經有段被同儕邊緣化的日子，在升學至上的年

代，因為學習不得要領，座位往往依照成績排序，垃圾桶常常是我的左鄰右舍。當時只要成績不好，就沒有大聲說話的權利，加上師長總認為好學生不會欺負同學，自己因此莫名的成為同學們言語或者小動作下的犧牲品。回憶當時的自卑和上學時的痛苦，又因為不敢勇敢大聲說，所以負面情緒和一了百了的念頭，總像惡魔纏著我，揮之不去。幸好當時從閱讀及創作上得到了心情的出口，讓我找到另外一種生活的自信，否則這惡夢必定沒有醒來的一天。

前些日子看了目前美國時尚圈炙手可熱的台灣設計師吳季剛的專訪。美國第一夫人蜜雪兒．歐巴馬和總統夫人周美青都穿過吳季剛設計的禮服。當大家都投以欽羨的眼光時，卻不曉得他所付出的努力。他從五歲開始就喜歡拿著針線替芭比娃娃設計衣服，也因為嗜好與一般同年齡的小男孩不同被視為異類，媽媽甚至擔心得帶他去看心理醫生，儘管如此，家人還是給予他很大的支持，而他自己也堅持到底，才能有今天這顆發亮的新星。我想若不是家人的支持，在台灣保守的社會觀念裡，他在學校勢必會被欺負，出了社會被視為異類，最後不但無法盡情揮灑自己的才華，做自己喜歡的事，還真的可能會成為社會的邊緣人物。

所以在大家齊聲呼喊「拒絕校園霸凌」口號時，應該先讓孩子們知道什麼是「霸凌」？將心比心的去學習體諒和發掘他人的特質與優點。讓孩子明白用拳頭解決衝突，是野蠻的行為，心平氣和的溝通，才是有效化解紛爭的方法。

在這個單元的選讀中，有從霸凌者及被霸凌者的角度切入；有校園也有關於種族的霸凌；此外還有自我情緒管理的相關讀本。社會上當然不可能事事公平、處處正義，但是希望藉由這些閱讀引導，讓孩子們有不同的思維，培養良好的情緒管理。倘若能在成長中為他們點燃一盞燈火或者拉他們一把，教他們自我保護，這樣才能真正將「校園霸凌」從校園中完全消除，不是嗎？

第4章 公平不公平

《艾蜜莉的畫》
《我家有個風火輪》
《女王，請聽我說》

艾蜜莉的畫

適讀年齡：國小中低年級

故事簡單說

為了即將舉辦的畫圖比賽，艾蜜莉和同學都興致勃勃的想畫出最滿意的作品。她天天努力畫著，最後選出畫有狗狗「多多」的那一張，因為那是她最得意的作品。

比賽當天，活動評審是校長的媽媽。原本評審非常喜歡艾蜜莉畫的「貓咪」，但當艾蜜莉解釋那是家裡的小狗時，非常討厭小狗的評審，立刻把「藍絲帶獎」貼到隔壁的蝴蝶圖畫上，那是艾蜜莉最好的朋友凱莉畫的。

難過的艾蜜莉偷偷將自己的畫從牆上拿下來，藏到操場偏僻的角落。老師以為傷心的她生病了，就叫她去保健室休息。躺在床上的艾蜜莉心想再也不要畫畫了，但又覺得放棄似乎太可惜。不知不覺睡著的她，醒來時發現身邊竟躺著凱莉。滿臉愁容的凱莉說大家都要她畫畫，連不會畫的恐龍也要畫，她拜託艾蜜莉教她怎麼畫圖。喜歡畫畫的艾蜜莉決定幫凱莉解決問題，同時，也放下了沒得獎的失落，最後還從樹葉底下取回被她埋藏的作品。

生命共同題｜面對比賽結果的得失心

雖然我們常說：「志在參加，不在得獎。」但是哪個選手不想在比賽時取得好成績呢？艾蜜莉的故事告訴我們，比賽的結果有時候雖然不能盡如人意，也許有不公平產生，但一個真正有才華的人，是不會被埋沒的。因此，在孩子參加比賽前，除了讓他們盡己所能的準備，也別忘了告訴他們，只要做足準備、盡力參賽，就是最好的表現，即使結果不如預期，但也別因此否定自己，放棄了自己的興趣。

心情轉運站

- 費老師問了一個重要的問題：「什麼是比賽？」你能說說心中對於「比賽」的定義嗎？
- 如果最得意的作品在比賽中被評審否定了，你當時的心情會如何呢？是因此否定自己的才華？還是有其他更積極的想法？
- 你覺得艾蜜莉為什麼會偷偷把圖畫取下來埋在操場的角落？後來又放回教室的牆壁上呢？
- 如果你是艾蜜莉，當最好的朋友凱莉得獎了，你的心情會如何？你也會像艾蜜莉一樣，熱心的教她畫恐龍嗎？為什麼？
- 你曾經有比賽失敗的經驗嗎？是什麼樣的比賽？後來你的心情是如何調適？

小活動

無論個人或團體比賽，賽前準備的心情、比賽當下的緊張，和公布結果時的忐忑不安，那種幾家歡樂幾家愁的感覺就像洗三溫暖。請以「比賽前後」為題，寫一篇400～500字的文章。

info

艾蜜莉的畫

作／繪者：彼得．加泰隆諾多
譯者：余治瑩
規格：精裝｜32頁｜25.5×23 cm
出版社：東方出版社
出版日期：2003年5月初版
（圖片提供／東方出版社）

作者　彼得．加泰隆諾多

目前住在美國賓州，從事圖畫書創作。至今已出版三十多本圖畫書，自寫自話的作品除了本書外，尚有"Dad and Me"、"The Painter"等。他認為一本好書應該像一塊跳板或一扇大門，給讀者自由選擇哭、笑或接受影響的空間。

譯者　余治瑩

資深童書編輯，也從事圖畫書翻譯和導讀工作，譯作有《安娜的新大衣》、《巫婆和黑貓》等。

我家有個風火輪

適讀年齡：國小高年級以上

故事簡單說

這個故事改寫自《封神演義‧哪吒》。陳塘關守將李靖，年輕時學過法術，因為資質不佳，只能留在人間當將軍。李靖育有三兒一女，老大、老二都努力上進，習得一身好功夫，是父親眼中的好孩子。女兒花蕊兒出生時，家裡充滿了花香，出生後更是惹人疼愛的女孩兒。但小兒子哪吒出生時，母親不僅懷胎三年多，臨盆時竟生出了一個大肉球，剖開肉球後才發現裡頭有個小嬰兒。

哪吒就像他出生時的不凡，他的個性跟兄姊也相差很多，生性狂蕩、不服管教且力大無窮。雖然哪吒常常惹麻煩，也認為李靖偏心不愛他，但他還是想討好李靖。

有一次，哪吒為了救和他感情最好的姊姊花蕊兒，失手殺了龍王三太子，還抽了龍筋，想編成護身甲送給李靖當生日禮物。闖下滔天大禍的他，最後為了營救父母，只得自我了斷，和父母脫離關係。

哪吒死後，供奉哪吒雕像的神廟被生氣的李靖燒燬，心急的花蕊兒背著殘破的雕像，九死一生的趕到天山，懇求太乙真人救哪吒。在太乙真人的幫助下，哪吒化成蓮花身重返人間，在哪吒與李靖生死決鬥的當下，充滿「愛」，也最懂得「愛」的花蕊兒，最後成為扭轉大局的關鍵人物。

生命共同題——「愛與體諒」是解開衝突誤會的關鍵鑰匙

在親子互動的過程當中，很難做到面面俱到，有些安排會讓孩子認為大人偏心、不公平，感覺自己受到冷落。哪吒的大哥、二哥個性穩重、努力好學是符合父母期待的孩子，因此頗受父親的疼愛。哪吒雖然崇拜父親，但卻因為性格莽撞，與父親之間便有了許多的衝突，這時就需要「愛」的「玲瓏寶塔」作為改變雙方關係的媒介。讓自己和孩子共同學習，偶爾也站在對方的角度想一想，當一個懂得愛、也付出愛的人。

心情轉運站

- 你有兄弟姊妹嗎？你們的感情好嗎？還是常常爭吵呢？如果沒有兄弟姊妹，你會感到孤單嗎？孤單的時候，你會找誰陪伴？還是用其他方法排解孤單的心情？
- 你曾有過覺得長輩不公平、被偏心對待的經驗嗎？除了分享經驗之外，也請說一說當時的心情。
- 你曾經有被人誤會或不被了解的經驗嗎？當時的心情如何？你後來如何排解不愉快的情緒？如果站在對方的立場想，會不會有不同的看法和體會？
- 在這個故事裡，你最喜歡哪個角色？並說說你心中對他的看法，以及印象最深刻的一段情節。
- 花蕊兒雖然個子特別小，但因為充滿「愛」、懂得「愛」，而成為扭轉大局的關鍵人物。請想想是否有什麼事件，曾因為你自己的特質而改變了結果呢？

小活動

你知道《我家有個風火輪》裡的哪吒原型出自於哪本書嗎？讓我們一起來看看哪吒（或其他角色），在原典和改編故事中，有哪些不同的地方。

info

我家有個風火輪

作者：張曼娟
繪者：周瑞萍
規格：平裝｜220 頁｜17×22 cm
出版社：天下雜誌
出版日期：2006 年 11 月初版

（圖片提供 / 天下雜誌）

作者　張曼娟

中國文學博士與教授，在大學教書逾二十年，出版《海水正藍》等作品集，為暢銷與長銷作家。喜歡從古典或經典中發掘新情感，講故事給孩子聽，是最大的享受。2005 年成立【張曼娟小學堂】，帶領孩子閱讀經典與創作，2006 年企劃創作【張曼娟奇幻學堂】，希望孩子能夠在愛與夢想中成長。2008 年策劃出版【張曼娟成語學堂】，用新編故事來介紹成語典故，讓古代人與現代人親密對話。2010 年策劃【張曼娟唐詩學堂】，以現代的角度詮釋古典唐詩，帶領小讀者用詩人的眼睛與心靈，感受世界。

繪者　周瑞萍　Rae

1974 年生，圖文作家，朝陽科技大學視覺傳達設計系畢業。職業插畫家，目前長期配合多家國內出版社，作品亦常發表於各報章雜誌、電子媒體、兒童美語月刊，替各種出版品畫插圖，提供想法。
作品有：「Rae · 06 年插畫月曆創作集」（樹德文化）、「蔓越莓磁鐵書籤設計」（優鮮沛）、「葡萄柚磁鐵書籤設計」（優鮮沛），以及圖文書《去誰家買空氣》（酷分仔）、《夏天來的時候，我會想你》（大塊）等。 作品《去誰家買空氣》入選 2006 年「義大利波隆那國際插畫書展」。

女王，請聽我說

適讀年齡：國小高年級以上

故事簡單說

十二歲的澳洲小男孩柯林，在電視上看到英國女王向大家送出耶誕祝福，於是突發奇想，決定要寫一封信給女王，希望女王能傳授他吸引所有人目光，或者傾聽自己說話的絕招。因為柯林覺得自己在家裡就像一塊沒人理睬的木頭，爸爸、媽媽的關注和眼光都在弟弟身上。然而，聖誕節這一天，弟弟路克昏倒被送進醫院，經過醫生的仔細檢查，發現路克罹患了很嚴重的疾病，必須要長期住院治療。

分身乏術的爸媽，決定將柯林送到英國的舅舅家寄住。柯林認為，女王一定知道全世界最好的醫生在哪裡，所以真的寫一封信給女王，希望能得到治好弟弟疾病的幫助。這段期間，柯林也四處打探治療癌症的頂尖醫院，雖然求救之路四處碰壁，但卻因此認識了泰德與葛雷夫這對同志情侶。在協助照顧葛雷夫的日子裡，柯林在這對戀人身上感受到愛的價值與力量。

最後葛雷夫不敵病魔離開人世，在悲傷的泰德的身上，柯林也明白了自己對弟弟深刻的愛。最後他不顧大人的反對，想辦法回到雪梨，因為他知道此刻最需要做的就是待在路克身邊，陪伴著他。

生命共同題——了解公平後的坦然

當我們抱怨父母親在某件事情上對其他兄弟姊妹偏心、不公平的時候，或許兄弟姊妹也有著相同的埋怨呢！人往往用放大鏡去看對自己不利或吃虧的小事，就如同故事中的柯林，總是抱怨父母疼愛弟弟而忽略自己，但等到真正了解原因後，才發現「手心手背都是肉」的道理，從中也才體會到，原來自己對弟弟的愛是這麼深刻。藉由這本書，可以讓孩子了解父母親的愛並無差別，忿忿不平往往是自尋煩惱。

心情轉運站

- 柯林曾為了哪些事情想寫信給英國女王？最後他有把信寄出去嗎？他信中的目的是什麼？
- 為什麼爸爸媽媽要把柯林送到英國的舅舅家？你覺得他們的用意是什麼？
- 你認為讓柯林轉念想要幫助弟弟的關鍵是什麼？
- 故事中的柯林經過了許多冒險才把信送給女王，你覺得印象最深刻的部分是什麼？最觸動你的是哪個段落或是哪一句話？
- 你覺得爸爸媽媽真的對弟弟路克偏心嗎？柯林真的那麼討厭他的弟弟嗎？說說你看完這本書之後的想法。

小活動

如果有機會讓你寫一封信給崇拜的人，或有相當影響力的人，你會想跟他說什麼呢？（請依照正式的書信格式，用 500～600 字將信件內容和想法完整的表達出來。）

info

女王，請聽我說

作者：莫里斯．葛萊茲曼
譯者：沈曉鈺
規格：平裝｜240 頁｜25 開
出版社：遠流出版事業有限公司
出版日期：2010 年 8 月初版
（圖片提供／遠流出版事業有限公司）

作者　莫里斯．葛萊茲曼　Morris Gleitzman

1953 年生於英國，16 歲時舉家移居澳洲。他曾經做過各式各樣的工作，如：送報生、百貨公司的聖誕老人、冷凍雞肉廠的解凍員、時裝界的見習生、糖廠貨車卸貨員、電視節目製作人、編劇，以及雜誌專欄作家。這些經歷給了他豐富美妙的人生體驗，成為日後創作的靈感來源。

譯者　沈曉鈺

美國西蒙斯大學兒童文學碩士。時常在不同的語言文化穿梭往來，在語言的國度進行刺激的探索冒險，閒暇時喜歡在小說世界散步。工作之餘化身〈波西傑克森－混血人俱樂部〉部落格格主 Winnie。小說譯作有《波西傑克森－終極天神》。

第5章

霸淩與正義

《把帽子還給我》
《我的姐姐鬼新娘》
《我是怪胎》

把帽子還給我

適讀年齡：國小中低年級

故事簡單說

男孩的後腦勺有一個銅板大的疤痕，同學總嘲笑他是「小禿頭」，還常常捉弄欺負他。奶奶為了幫男孩遮住疤痕，便用僅存的、還得戴眼鏡才看得清楚的一隻眼睛，一針針的勾出一頂毛線帽送給男孩。然而，滿心感謝的男孩卻因為同學的嘲笑，回家後當著奶奶的面，生氣的把毛線帽丟在地上用力踩，這讓奶奶很傷心。後來男孩才知道，自己頭上的疤痕是當初奶奶為了保護他，不讓他被突然衝出來的摩托車撞到，一把抱起他時，不小心撞上嬰兒車才造成的，而奶奶也因為那場意外失去了一隻眼睛。

隔天，同學再次找男孩的麻煩，甚至把他的毛線帽丟到高高的銀杏樹上。男孩不想再忍氣吞聲了，他要同學把帽子還給他，而其他同學也挺身相助，齊聲要小惡霸把帽子拿下來。沒想到小惡霸根本就不會爬樹，但男孩沒有落井下石的嘲笑他，反而集合大家的力量，爬上樹將奶奶的愛心帽子取下來。

生命共同題　勇敢大聲說，別忍氣吞聲

調查中發現，被霸凌的孩子常有「忍氣吞聲」的共通性。因為沒有勇氣抗拒，造成他人一而再、再而三的惡意對待。透過這本書，希望告訴孩子如果經過反省，確定不是自己的錯誤，再遭致他人霸凌時，就要在第一時間勇敢大聲的說：「我不喜歡你這樣對我，請你停止。」如果狀況還是沒辦法解決，一定要告訴父母、師長，自己遭遇到的困難，請他們一起幫忙解決。

心情轉運站

● 為什麼男孩的頭上有一個銅板大的傷疤？男孩的傷疤是奶奶故意造成的嗎？

● 起初男孩被同學欺負時，總是忍氣吞聲的原因是什麼？他被欺負的情況有因此改善嗎？

● 你認為是什麼觸動男孩的心，使他鼓起勇氣向欺負他的同學表達內心的憤怒？

● 從你的角度來觀察，說一說你眼中的男孩和洋治是個怎麼樣的人？

● 你曾經有過像男孩一樣，被同學欺負又不敢說出口的經驗嗎？最後問題有解決嗎？

請同學們一起集思廣益，討論遇到這類問題最好的解決方法。

小活動

你的心中有不敢大聲說出來的話嗎？現在讓我們一起到空曠的地方（如操場或公園），用最大的聲音和勇氣，將心裡話吶喊出來吧！

info

把帽子還給我

作／繪者：梅田俊作
譯者：林文茜
規格：精裝｜44 頁｜12 開
出版社：小魯文化
出版日期：2003 年 6 月初版
（圖片提供／小魯文化）

作者　梅田俊作

畫家、圖畫書作家。1942 年生於日本京都府丹後半島。
圖畫書作品有《偷吃貓和爺爺》、《媽媽，我回來了》、《老鼠相撲》、《畫像姊姊》（以上作品由白楊社出版）；《小安的田地》（童心社）、《奶奶的暑假》、《永遠愛你》（岩崎書店）、《滿月之海》（佼成出版社）等多部作品。隨筆作品有《老爸慌慌張張，孩子健健康康》（文溪堂）、《山野懷舊》（貝樂思集團）等。
此外，以校園暴力為主題的長篇圖畫書《假裝不知道》（榮獲一九九七年日本圖畫書大獎）、《十四歲和小淘淘》（榮獲第四屆日本圖畫書獎評選委員特別獎，這兩本皆由白楊社出版），得到許多讀者的共鳴。

譯者　林文茜

日本國立兵庫教育大學碩士。留日期間主修日本兒童文學，1998 年 9 月以客座研究員的身分，應聘在大阪國際兒童文學館，從事為期一年的兒童文學研究工作。
返臺後，和多位國內兒童文學界的同好共組「月曜日兒童文學非常小組」，定期討論日本兒童文學作品，並希望翻譯、介紹優秀的日本童書給臺灣讀者。
曾任淡江大學日文系、新埔技術學院等校兼任講師，現為仁德醫專應用外語科專任講師，著有兒童文學研究論文數篇，使用中、日文發表於臺灣及日本的學報上，並陸續發表與日本兒童文學相關之文章，刊登於《國語日報》、《小作家》雜誌、《兒童文學家》同人誌上。

我的姐姐鬼新娘

適讀年齡：國小高年級以上

故事簡單說

長相秀氣、個性溫柔的國中男生阿彬，因為和其他男生不太一樣，常被同學嘲笑是「娘娘腔」。尤其是鄰居吳志龍最愛找他的麻煩，也總是帶頭嘲笑他。幸好一直有個跟他個性互補，被稱為「男人婆」的女同學維維保護著他，陪他度過許多不愉快的學校生活。

阿彬除了應付同學的故意找碴，還要幫媽媽實現讓早夭的姊姊可以「冥婚」的願望。原來阿彬曾經有個姊姊，但在阿彬出生之前就因為得到腸病毒不幸早夭，阿彬的媽媽一直沒有辦法忘記喪女之痛。這天，跟舅舅、嬸嬸鬧彆扭的外婆來到阿彬家暫住，為了安慰阿彬媽媽的傷心，聽了他人的建議，帶著一家大小去「牽亡魂」，果然見到了阿彬的姊姊。母親消解了對愛女的思念，心裡卻也有了其他的盤算——那就是為女兒辦一場冥婚。

為此，阿彬不得不努力克服心中對鬼的恐懼，並且扛下從未想過的責任，去為姊姊尋覓姻緣。當姊姊成功「嫁出去」之後，這段奇異的過程不僅讓阿彬有了新的體悟，也能更勇敢的接受自己的與眾不同。

生命共同題──言語的嘲笑也是霸凌

對男女性別的刻板印象讓我們的思維僵化，只要心思較細膩的男性就是「娘娘腔」；男性化的女性則成為「男人婆」。故事中的志龍就是這種思維的代表，因為沒有可以包容差異的心，所以用嘲弄與排斥來表達自己的歧見，卻只顯現出自己的無知。受到欺凌的阿彬與維維沒有被志龍的行徑所傷害，尤其是維維更是挺身捍衛自己與阿彬，不屈服於同學的語言與肢體的霸凌。這本書讓孩子知道面對欺凌，我們可以挺身保護自己。也讓孩子瞭解言語的嘲笑也是一種霸凌的行為，對於與我們不同的人，我們應該用欣賞的角度去發掘、去讚美。

心情轉運站

- 你認為阿彬和維維能成為好朋友的原因是什麼呢？
- 想一想你的身邊有沒有像阿彬、維維這樣，與我們刻板印象中性別特質不同的同學？你能說出三個他們的優點嗎？
- 故事中常常欺負人的吳志龍，真的是個討人厭的惡霸嗎？
- 阿彬因為哪件事情讓他變得勇於面對現實中的恐懼？你是否也有勇敢面對恐懼的經驗？
- 請找出三～五個「中國結婚喜慶」中，相關的習俗和典故，與同學分享。

小活動

現在兩個同學一組，互相模擬當自己被他人嘲笑時，自己可以在不動怒、不動粗、不唇槍舌戰的情況下，讓對方自討沒趣的離開。（每個人三分鐘為限）

info

我的姐姐鬼新娘

作者：鄭宗弦
繪者：大尉
規格：平裝｜224 頁｜25 開
出版社：小兵出版社
出版日期：2007 年 9 月初版
（圖片提供／小兵出版社）

作者 鄭宗弦

現任國小老師，是個得過三十多個文學獎的寫作全才。曾獲：教育部文藝創作獎、觀光文學獎、九歌現代兒童文學獎、小太陽獎、大墩文學獎、金鼎獎推薦……等。

我是怪胎

適讀年齡：國小高年級以上

故事簡單說

張中旬是個功課好、受到老師喜歡、家境也好的八年級女生。她最痛恨的就是課堂上的分組，因為沒有人會邀請她，就像與同學隔絕的孤島一樣，有時候還會聽見同學在背後叫她「怪胎」。幸好，每個班級都有像她一樣被孤立的怪胎，所以張中旬突發奇想的找了與父親關係緊張的陸威揚，和身上總是發出臭味的楊開，三人一起組成「怪胎俱樂部」，向曾經排擠他們的同學一步步展開復仇計畫，對抗同儕的精神霸凌。

到最後，張中旬終於成功的讓一直排擠自己的同學也受到大家排擠時，原本和她同一陣線的人，卻都不贊同她的作法，甚至想要遠離她。這時他們才發現，原來設計別人，讓對方也嘗到被排擠的滋味，竟沒有預期中的快樂。但也因為這場復仇計劃，反而讓他們掙脫自己一直以來的心結，重新找回生命中的快樂本質。

不帶怨恨，不對任何事報復，才是最終的勝利。

如何與同儕相處？該怎麼融入團體中？相信是許多青少年在成長過程中最困擾的問題之一。假如在團體當中，被刻意漠視、暗中詆毀，這是與直接的言語霸凌同樣令人備受煎熬。故事中不管是怪胎三人組的成員，還是班上的其他同學，在面對團體與同儕關係都有各自的困境，每個人處理的方式也不同。張中旬對於同學的態度，決定運用小聰明報復欺負自己的同學，但是到了最後才發現報復並不快樂，反而讓自己成為一個真正討厭的人。只有找到問題的本質，調整自己的心態，如此一來，才能活得更自在快樂，也才能找到志同道合的朋友。

心情轉運站

- 你覺得什麼是「怪胎」？你生活的周遭有「怪胎」嗎？或者你自己就是個「怪胎」呢？
- 請幫「怪胎俱樂部」的三個人找到被形容成「怪胎」的原因。你會給他們怎麼樣的建議呢？
- 你覺得張中旬組成「怪胎俱樂部」從頭到尾都做錯了嗎？如果哪個環節稍做改變，一切會變得不一樣嗎？
- 如果今天也請你創造「俱樂部」，你會以什麼為主題？會找什麼樣的成員加入？你們會藉由這個「俱樂部」表達些什麼呢？
- 你曾經想過對欺負你的人進行報復嗎？結果令你開心或者難過呢？你覺得怎麼做才是最好的處理方法？

小活動

故事當中，有沒有哪個片段是令你喜愛或者深受感動的？請你就這個部分用 200～300 字分享你的心得和生活中相似的體驗。

info

我是怪胎

作者：王淑芬
繪者：徐至宏
規格：平裝｜216 頁｜13.8×21cm
出版社：天下雜誌
出版日期：2011 年 3 月初版

（圖片提供 / 天下雜誌）

作者 王淑芬

1961 年生於臺灣臺南縣左鎮鄉，國立台灣師範大學教育系畢業，曾任國小教務主任、輔導主任。不但會寫有趣的故事，還主持過數個電視廣播節目來推廣兒童文學閱讀。更喜歡做手工書，架設出台灣第一個手工書專屬網頁：「幸福的手工書」，並獲邀參加韓國國際 Book Art 大展。

自 1993 年發表第一本作品以來獲獎無數，至今已出版 40 多本作品，包括散文、小說、校園故事、生活故事、歷史故事、童話、傳記、詩集、圖文詩集、教學用書。

繪者 徐至宏

臺中人，國立花蓮教育大學藝術與設計學系畢業。現為自由插畫家，為報章雜誌與書籍繪製插畫。

喜歡用插畫記錄生活，可能是在剛與朋友聊過天後的沉澱，可能是一篇新聞、一部電影、一場旅行所帶來心境上細微的變化，而造就出不一樣的色彩、線條、構圖，對他來說，「我的工作，是體會生活。」就像面對人生一樣勇往直前，體驗生活、充實自己是最重要的事情，因為這些不一樣的經驗，淬鍊自己的畫工。未來，他期待自己能到國外流浪，放寬自己的眼界，看看不一樣的世界，創作出更多有深度的作品。

第6章 情緒不放縱

《什麼都不怕》
《打架天后莉莉》
《刺蝟釣手》

什麼都不怕

適讀年齡：國小中低年級

故事簡單說

「咚布巴」什麼都不害怕，所以大家都叫他「都不怕」。連鬼都不能吃他，因為鬼只能吃會害怕的人。然而連鬼都有很害怕的時候，所以大家很好奇，咚布巴到底有什麼魔法可以什麼都不怕？不過這件事讓東邊王國的壞國王很不服氣，國王覺得自己才是世界上最大膽的人，因此派人把咚布巴家裡僅剩的四樣東西搶了過來。

果然，這讓咚布巴臉色發青的向國王求情，他拜託國王幫忙他把蛋孵化；把花帶給西邊山腳下失明的老婦人；照顧脫隊的小燕子；並且買顆大西瓜給東邊貧窮的人家，那麼，即使殺了他，他也不怕。國王答應之後，就派人把咚布巴丟下懸崖，沒想到他竟被一群鬼魂抱住，沒有粉身碎骨，因為鬼魂們也想知道「什麼都不怕」的魔法。原來，咚布巴的祕密就是：「只要一心想著對別人好，就什麼都不怕！」

生命共同題｜因為內心有所恐懼，所以才會先聲奪人

恐懼往往都是內心的反射，很多人為了掩飾自己內心的恐懼，所以在他人還沒接近自己時，先虛張聲勢，想嚇唬他人。就像故事裡的壞國王，雖然故事沒有明講，但其實壞國王心裡最怕的就是有人比自己強，因此窮盡各種資源，就是要讓咚布巴害怕，結果反而顯現出自己心裡的恐懼。而善良的咚布巴則讓我們知道，只要不存害人之心，許多恐懼都只是心中的想像，沒什麼好怕的。

心情轉運站

- 你能形容一下咚布巴的外形嗎？你喜歡他嗎？
- 故事裡你最喜歡哪一個畫面？為什麼？
- 你覺得壞國王討厭咚布巴的真正原因是什麼？
- 讓咚布巴臉色發青、害怕的是哪三件事情？你覺得真正讓他害怕的又是什麼？
- 為什麼咚布巴被推入懸崖時不是驚呼，而是哈哈大笑呢？

小活動

想一想，你覺得自己害怕什麼呢？請把它們寫下來，然後五個人為一組，使用「窩悶咚布巴」的魔法去解決這些恐懼。

遊戲方式：

1. 先寫下自己害怕的事情。
2. 分組討論如何解決組員的恐懼。
3. 協助解決恐懼的四人圍成一圈，受助者站在中間。
4. 歡唱「窩悶咚布巴」的魔法歌，讓大家幫你趕走恐懼。
（改編童謠「捕魚歌」）

害怕來襲我不怕　掌穩舵兒往前划
撒網恐懼咚布巴　趕跑害怕笑哈哈
嗨喲依喲依喲哼嗨喲　嗨喲依喲依喲哼嗨喲
嗨喲依喲依喲哼嗨喲　嗨喲依喲依喲哼嗨喲

info

什麼都不怕

作者：哲也
繪者：陳美燕
規格：精裝｜40頁｜8K
出版社：小魯文化
出版日期：2010年1月初版
（圖片提供／小魯文化）

作者 哲也

1966年生於臺灣基隆市，曾任童書編輯、幼教軟體遊戲設計，後為自由童書作家。2004年以《晶晶的桃花源記》獲得「中國時報開卷年度十大最佳童書」及「聯合報讀書人年度最佳童書獎」，2005、06與07年分別再以《童話莊子》、《晴空小侍郎》、《火龍家庭故事集》、《湖邊故事》獲得「好書大家讀年度最佳少年兒童讀物獎」。作品曾多次入選德國法蘭克福書展臺灣館，以及義大利波隆那童書插畫展。
其他作品有《我親愛的至聖先師》、《童話莊子2無敵大劍客》、《明星節度使》，以及和林世仁合作的《字的童話》系列等等。

繪者 陳美燕

一個喜歡為兒童編輯好書的人，平日最愛看書、畫畫，常用水墨作圖，潑灑點勾，樂趣無窮。希望能與小朋友們一起分享。作品有《爸爸的老師》、《我屬豬》、《小保學畫畫》、《晶晶的桃花源記》、《綠池白鵝》等。
1995年曾受邀參加義大利波隆那國際兒童書展暨插畫展。

打架天后莉莉

適讀年齡：國小中低年級

故事簡單說

莉莉是個令人頭疼的女孩，總是在學校裡和同學起衝突，她特別喜歡找那些愛欺負弱小的同學打架，連在學校擔任老師的媽媽也束手無策。莉莉覺得世界上只有肯聽她說話的外公能理解她。

某一天，班上來了一位從戰亂國家轉來的新同學阿思隆，總是面帶微笑、愛說話的他，很受到大家的歡迎，但莉莉卻覺得這個人一定是戴著微笑的假面具。這一天，曾經被莉莉痛扁一頓的三個男同學，在廁所裡圍毆莉莉，當她感覺到一切都將坍塌在她身上時，竟聽見阿思隆挺身制止那些打她的人。但沒想到剛巧走進廁所的老師，以為莉莉是受到阿思隆的毆打，而莉莉卻為了遵守流氓守則，堅持不說出打她的人是誰，這讓阿思隆一家人面臨被驅逐出境的危機。

後來，莉莉和原本跟她對立的三個同學集合力量，他們決定要為阿思隆「打一場架」，他們作了海報，在校門口喊口號，為阿思隆一家請命，最後順利解決了這場危機，也和阿思隆成為好朋友。

生命共同題｜聰明的人靠溝通解決問題，而不是拳頭

很多人因為害怕溝通、害怕他人的欺負，所以假裝自己很霸道，習慣用拳頭以暴制暴，用強悍的態度對抗所有人，自成一個保護膜。故事中的莉莉無法控制自己的情緒，容易生氣，常常跟男生打架，但這樣的做法不但無法解決問題，反而會讓自己更孤立。透過這本書，可以讓孩子反思，打架是不是一件勇敢的事？如果莉莉能學會掌握自己的情緒，了解自己，並且願意跟同學溝通，這才是比拳頭更強大的力量。

心情轉運站

● 在你眼中，莉莉真的是打架天后嗎？你能找出她的優點和缺點嗎？

● 你覺得莉莉為什麼總是用「拳頭」解決問題？如果你是她的好朋友，你會怎麼做？為什麼？

● 外公在故事中扮演怎樣的角色？生活中的你有可以訴說心事的長輩嗎？為什麼他能讓你放心說出心裡話呢？你會和他分享哪些事？

● 阿思隆是來自於哪裡的轉學生？他跟其他同學有什麼不一樣的地方？你認為作者在故事中安排他的出現有什麼用意？

● 你覺得是什麼原因讓阿思隆這麼受歡迎？

● 就故事的轉折來說，你認為哪一件事讓莉莉和夫斯基從敵人變成團結的戰友？

小活動

故事中有許多動人的片段和文句，你自己最喜歡也最打動你的是哪個段落？哪句話？為什麼？（請用200～300字完整表達）

info

打架天后莉莉

作者：哈雪．蔻杭布莉
繪者：茱莉亞．渥特絲
譯者：賈翊君
規格：平裝｜ 128 頁｜ 13.8×21cm
出版社：天下雜誌
出版日期：2010 年 4 月初版
（圖片提供／天下雜誌）

作者　哈雪．蔻杭布莉　Rachel Corenblit

1969 年出生於加拿大。住過耶路撒冷、尼斯、阿爾比、馬賽和許多世界各地不同的角落。現在與先生和兩個孩子在土魯斯落腳。念完大學哲學系之後，她做過一連串的工作：活動主持人、圖書館的檔案管理員，直到 1997 年轉任學校教師為止。目前則在土魯斯大學教育學系擔任訓練教師的教授。《現在敬祝和平》是她備受矚目的第一本小說。之後的作品包括《見鬼的愛情》、《十八個吻又加一》、《打架天后莉莉》等。

繪者　茱莉亞．渥特斯　Julia Wauters

1982 年出生於法國諾曼第。一開始於巴黎的杜貝黑應用美術學院學習織品印染，隨後轉攻插畫，一面繼續研究絹版印刷，並進入史特拉斯堡裝飾藝術學校就讀。2005 年她與該校其他十一位學生創立了「穴居人」社團和插畫、漫畫迷季刊《大開眼界》。《打架天后莉莉》是她的第一部童書作品。

譯者　賈翊君

文化大學法文系畢業，曾從事影視節目工作，後赴法學習電影。目前為自由譯者，偶爾接觸劇場工作。從小就是避免衝突的和平主義份子，至今仍不明白為什麼有些小學生喜歡放話說誰喜歡誰⋯⋯。

刺蝟釣手

適讀年齡：國小高年級以上

故事簡單說

國小六年級的王銘川，因為父母親突然離異，無法接受變故的他，變得暴躁易怒，常常與同學起衝突，成了讓大家頭痛的問題學生。老師說他再也不是溫馴善良的小白兔，而是會讓人受傷的刺蝟。迫於無奈，父親只好將他送到鄉下的爺爺奶奶家，希望不同的環境可以改變他。

新的生活讓王銘川很不習慣，一開始他還是維持著自己的刺蝟性格，卻發現老師完全不受影響，仍然很和善的對待他、關心他。而同學也沒有被他嚇跑，同樣父母離異的同學陳家松，總是主動陪伴他，這才讓他身上一根根防衛的尖刺慢慢的軟化了。

同時，爺爺也帶著銘川釣魚，透過釣魚開導他，培養他的耐性，以及自我情緒的調適。在這個過程中，他跟同學之間建立起友誼，最終，王銘川逐漸懂得在同儕間學習接納、替人著想和寬恕原諒，成為一個受歡迎的人。而對父母親離異所帶來的傷痛與不諒解，也慢慢的化解了。

生命共同題 軟化尖刺，才能感受真心

當一個孩子突然有了大的轉變，可能也意味著他們遭遇到了無法解決的壓力。銘川因為父母關係的巨變，也使得他的性格有了很大的轉變。因為生活的不順遂影響了他的情緒，覺得身邊的人處處與自己作對，不知不覺像刺蝟般豎起身上的尖刺，讓周圍的人退避三舍。故事中的爺爺是了解銘川的，他透過釣魚帶領他轉移注意力，也從中發現自己的問題。藉由這個故事，對於身邊有特殊狀況的孩子，應給予他們更多的關懷，也鼓勵孩子說出自己的情緒與壓力，以免像火山一樣，爆發時就不可收拾了。

心情轉運站

- 是什麼原因使王銘川變成讓師長頭痛的刺蝟？你的身邊也有跟他類似的同學嗎？
- 就你的角度來看，爺爺、奶奶、林老師、陳家松和林憲同，分別給銘川什麼影響？
- 你是否看出銘川心情的轉折和改變？請分享你的觀察和體會。
- 看完這個故事，「釣魚」是否讓你有了不一樣的認識？你覺得「釣魚」讓你學到了什麼？除了釣魚之外，還有什麼活動可以讓人得到珍貴的啟示？
- 回想看看，什麼樣的情況容易使你暴躁、口出惡言？你有什麼好的方法可以控制這突如其來的情緒爆發嗎？或者曾因情緒失控而發生令你後悔的經驗嗎？請與大家分享。

小活動

故事中的銘川從溫馴的小白兔變成尖銳的刺蝟，如果是你，你會是哪種動物呢？順便也幫同學們想想，他們在你眼中是什麼動物？最後再對照看看是否吻合吧！

info

刺蝟釣手

作者：陳景聰
繪者：蘇力卡
規格：平裝｜264 頁｜14.8×21cm
出版社：小魯文化
出版日期：2011 年 8 月初版
（圖片提供／小魯文化）

作者　陳景聰

生於南投，兒童文學研究所畢業，現任國小教師。
從小，他就愛故事，他聽過很多故事，讀過很多好書。長大後，他不但愛故事，還愛說故事給人聽，寫故事給別人看。作品曾獲文建會兒童文學獎、中國冰心兒童文學新作獎等許多獎項。著作有《春風少年八家將》、《冒牌爸爸》等二十餘冊。

繪者　蘇力卡

文化大學美術系畢業，去了法國兩年，從事插畫工作多年，喜歡每隔一段時間就嘗試用不同的媒材創作，特別喜愛紙張與布料的味道。覺得回到工作桌前畫畫或手作是生活中最幸福的事。

公平正義主題活動單

你有難，我挺身

以生活中可能發生的「霸凌」狀況劇為發想，從當事人和旁觀者不同的角度去設想，在同學們集思廣益的討論中，找出最好的解決方法。

步驟一

準備圖卡或者抽籤條，標註 8 種可能在生活中發生的霸凌狀況。教師或家長也可與孩子們討論其他生活中遭遇的困境。

＊舉例狀況：

1. 同學們之間產生口角，甚至大打出手。
2. 學校中有高年級的同學對低年級同學勒索。
3. 對於不喜歡的同學，集合其他同學排擠他。
4. 未經過求證的謠言就四處散布。
5. 欺負弱小無力反擊的同學。
6. 心情不好就隨便找身邊的人出氣。
7. 嘲笑肢體不便的同學並取難聽綽號。
8. 歧視與我不同的種族。

步驟二

4 人一組，其中一人代表抽出「狀況劇」。

步驟三

10 ～ 15 分鐘做討論。

（討論一）若有圖卡，請一位組員向其他同學說出圖片中所發生的狀況；若無圖卡，組員們需替所抽選的狀況，編一個故事讓其他同學了解。

（討論二）分為兩種狀況做討論，並分享認為最好的解決方法。

1. 自己就是當事人的立場，會如何解決？
2. 自己站在旁觀者的立場，會如何解決？

（討論三）詢問在場的其他同學是否認同？或者還有其他更好的解決方法？

步驟四

經過同學們的討論，老師也可藉由同學們的發言，隨時做觀念的導正和釐清。

步驟五

生活中是不是還有哪些狀況，雖然不是霸凌，但是我們仍需要學習當我們遭遇危險時，該如何保護自己？例如：

1. 家裡的長輩喝醉酒後或者沒來由的對我動粗。
2. 遇到陌生人或熟識的長輩想要對自己毛手毛腳，讓我感覺到不舒服。

步驟六

授課的老師或家長告訴孩子們，如果遇到以上這些暴力及霸凌的狀況可以求助的單位。例如：學校輔導室、113、110、1995 或者教育部反霸凌申訴專線（24 小時）0800-200-885。

Part. 3

友情

友誼的課題，
是我們要用一輩子去修習的功課，
不論是別離的傷感、誤會的苦澀、團結時的交心、
或是共同完成一件事情的美好，
都是友情的滋味。
友誼是生命中無限的財富，
值得好好珍惜、細細品味。

無價的財富

沏茶備課的午後，再次重讀唐代王勃〈送杜少府之任蜀川〉：「與君離別意，同是宦遊人。海內存知己，天涯若比鄰。」一千四百多年的時空交會，反覆吟詠，隨著年紀的累積，竟也感受到同樣頻率的悸動。是啊！失意雖心苦，離別雖心苦，然而只要內心存著一股堅定的情誼，回憶起來，總有一股溫馨，哪怕朋友遠別，還是宛如在身邊一般。

說到朋友，少得用十根手指頭都數得出來，但是幾乎都有十年以上的交情，我和朋友雖然不會天天連絡或者常常聚會，有些甚至彼此笑稱從大學畢業後，就沒見過對方的「實體」，但是，我們卻都會在心中為彼此留一個位置。還記得《吹口哨的孩子王》是手術前一夜在病床上看完的，當初看見書腰上「友情物語溫馨力作」的字樣，本以為有放鬆心情的效果，但是沒想到在重松清詼諧幽默的筆觸下，訴說了好友之間生離的悲傷，也談了死別的脆弱。在情緒緊繃到最高點，家人及時轉交朋友特地為我去廟裡求得的平安符時，眼淚終於潰堤。其中，有對手術未知的恐懼，也有友情的溫暖感動。接連著幾天，許久不見的朋友前來探望、來電關心，也讓我進行了一場無計畫的「小型同學會」。這些就是我的知己——未必在快樂中一同歡呼，但是哭泣時絕對不忘給個擁抱。

近年來，我發現孩子們越來越享受「獨占感」，不希望與手足或朋友分享，期望自己百分之百的擁有，對於交朋友的態度也顯得漠然。所以當我看見《不要朋友的長耳兔》時，便迫不及待的想推薦給孩子們。簡約的文字和圖畫，保有豐沛的感情想像，哪怕書中沒有標準答案，也留給孩子「真的不需要朋友嗎？」的無限反思。《小小猴找朋友》則是貼近現代孩子們的生活，故事中討論了「什麼是真正的朋友？」從懷疑、爭吵、誤會的過程中，體會友情需要細心呵護和欣賞對方優點的真諦。而同儕之間必須學會體諒、相互合作、團結的道理，就讓精采的《我是光芒！》

和《天鷹翱翔》傳達給孩子們。

比較特別的是在「友誼」這個單元裡，加入了「如何面對離別？」的子題。與好友分離，永遠不能再見面，的確是很寂寞悲傷的事，但是我們應該教導孩子，友情並沒有到此休止，而是將美好歸納保鮮在友誼的相本裡。《讓我們看雲去》、《熊與山貓》讓孩子們接觸「死亡」的生命議題。《熊與山貓》中，悲傷的熊藉由山貓手中轉交的破舊鈴鼓，象徵另一段友誼的開端；《讓我們看雲去》藉由穿越時空的故事，使孩子們學習思考如何走出喪友的悲傷情緒，並了解唯有打開心窗讓陽光灑入，才能迎接雨後天晴的美景。

幾天前在臉書分享了一段話：「有一種友誼不低於愛情，又不是曖昧，傾訴時可推心置腹，這就是知己。」我也在旁邊附註：「雖然我的生命中沒有很多朋友，但是我的朋友都是我的知己，這真可稱得上是人生中的『大確幸』啊！」

第7章

迎向友情

《不要朋友的長耳兔》

《小小猴找朋友》

《邊邊》

不要朋友的長耳兔

適讀年齡：國小中低年級

故事簡單說

長耳兔擁有一對漂亮、獨特的長耳朵，孤芳自賞的牠，覺得其他兔子都不配當牠的朋友，而且牠也不需要朋友。某一天，出現了一隻陌生的小兔子，不像其他兔子離長耳兔遠遠的，反而熱情的跟在長耳兔的身邊。

起初，長耳兔覺得很煩、很討厭，想盡辦法要擺脫那隻討厭的小兔子，卻怎麼也甩不掉。就這樣，兩隻兔子保持著不遠不近的距離，漸漸的，長耳兔開始習慣那隻小兔子了，偶爾釣魚時，還會丟一條魚送給牠。直到有一天，突然從天上衝下一隻老鷹，長耳兔嚇呆了，沒想到小兔子竟然從身後跳出來，勇敢的擋在長耳兔的前面，老鷹大口叼起小兔子就飛走了。這一切讓從來都不覺得需要朋友的長耳兔非常震驚，雖然還是嚷嚷著牠才不需要朋友，可是在親手為小兔子做了一個想念的十字架時，長耳兔還是流下了眼淚。

生命共同題——朋友是生命最珍貴的禮物

玩具和遊戲因為大家一起玩才充滿樂趣；家常的飲食因為大家一起圍桌分享才美味；旅行和學習也是因為有同伴才會更有效率。在人生的道路上，看似獨立的我們，其實都是需要「同伴」和「朋友」，這樣生活才會有珍貴的回憶。長耳兔倔強的孤芳自賞，吝於對人伸出友情的手，也不願意接納別人的友情。然而，人真的可以像孤島一樣的生存？真的不需要朋友嗎？書中沒有標準答案，留給孩子去反思。

心情轉運站

- 利用你豐富的想像力猜看看，長耳兔是因為什麼原因不想交朋友呢？
- 讀完故事後，你覺得長耳兔有沒有把那隻討厭的小兔子當成朋友呢？牠真的不需要朋友嗎？說一說你的想法。
- 故事中有三隻一直跟長耳兔說反話的兔子，你覺得牠們為什麼要說反話呢？他們真的討厭長耳兔嗎？
- 如果讓你選擇，你想當故事中的長耳兔？還是那隻熱情的小兔子？為什麼？
- 你的身邊有沒有像「長耳兔」這樣的人，或者自己就是「長耳兔」？說一說你自己的觀察，而且當「不要朋友的長耳兔」真的會比較快樂嗎？

小活動

有一種修辭方法會把兩種不同，特別是相反的事實，相互比較。而這個故事裡恰巧運用了這個寫作技巧，你知道是什麼嗎？（讓我們也運用這個修辭技巧，依樣仿作一個有趣的故事吧！）

info

不要朋友的長耳兔

作／繪者：鬼頭浩惠
譯者：亞析
規格：精裝｜64頁｜21×14.8cm
出版社：三之三
出版日期：2006年11月初版
（圖片提供／三之三）

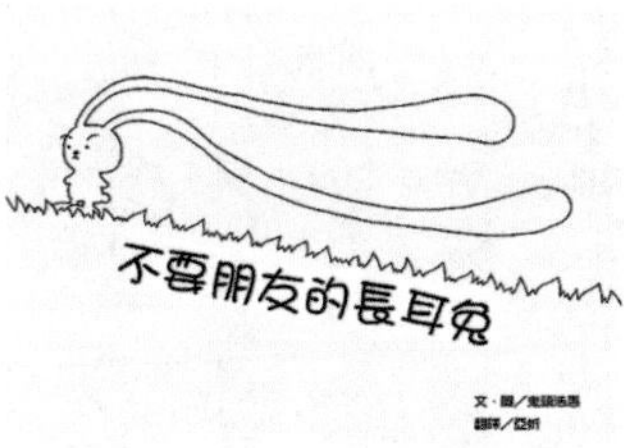

作者　鬼頭浩惠

生於1967年2月25日
現居於日本名古屋，著有《聖誕節的麵包》（新風舍）。

小小猴找朋友

適讀年齡：國小中低年級

故事簡單說

小小猴一直很孤單，當他聽見雜貨店的老公公說，點頭娃娃擁有魔法的事時，便很認真的向點頭娃娃許願：他想要一個朋友。有一天，小小猴餓到差點就把用來賣錢的溫泉蛋吃掉時，一個身穿秋天顏色衣裳的女孩，用柿餅交換了他的溫泉蛋，而他們也成為好朋友。沒多久，兩個人吵架了，冷戰好長一段時間，直到冬天來臨，一直不肯道歉的小小猴這才承認，原來自己真的很想念秋天女孩。

小小猴走到森林深處，卻怎麼都找不到女孩的身影，當他失望得想回家時，枝頭上最後一顆紅柿子吸引了他的目光，彷彿它也在等待著誰似的，小小猴終於明白，原來女孩是柿子精靈。他從熟透的柿子裡取出柿籽，帶回家細心照顧、灌溉，期待明年秋天和女孩再度重逢。雖然到最後沒能如願見到柿子精靈，但小小猴有了新朋友，她是雜貨店老公公的孫女小秋。

生命共同題——友情就像綠豆糕，很香、很美，也很脆弱

在孩子成長的過程中，友情的相處是一個很重要的課題，好朋友之間因為靠得很近，很容易會有摩擦爭執的時候。又因為人際交往的經驗不足，很容易就因為小小的問題，造成友誼的破裂，這是很可惜的事。小小猴的故事揭示了朋友之間發生誤解時該如何處理的議題，告訴孩子用溝通與勇氣去化解尷尬。多看看對方的優點，不要老想對方的短處，友誼才能長久。如果誰都不退讓，這樣的友情就像綠豆糕，一捏就碎，往往徒留遺憾。

心情轉運站

- 如果你跟小小猴一樣沒有兄弟姊妹，你希望能擁有怎樣的朋友？
- 小小猴是在什麼樣的機會下交到了第一個朋友？
- 你能回答小小猴：「朋友究竟是什麼？」這個問題嗎？
- 老爺爺說朋友吵架時，需要勇敢的一方先道歉化解尷尬，你認同這個說法嗎？請你分享自己和朋友爭吵的經驗。
- 故事中，你最喜歡哪一個段落呢？請說說吸引你或者感動你的地方。

小活動

雜貨店的老爺爺將友
情比喻成綠豆糕。現
在分組討論並發揮創
意，想出三個你覺得
友情像什麼的譬喻
句，別忘記附上理由
喔！

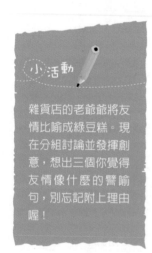

info

小小猴找朋友

作者：賴曉珍
繪者：王書曼
規格：精裝｜144頁｜14.8×21cm
出版社：小天下
出版日期：2011年1月初版
（圖片提供／小天下）

作者　賴曉珍

淡江大學德文系畢業，高中時就想成為童書作家。寫作超過二十年，已出版童書十八本，其間經歷過無數撞牆期，至今仍認為創作是世上頂美好的事。

曾獲開卷年度最佳童書獎、金鼎獎推薦獎、九歌現代少兒文學獎、國語日報牧笛獎、洪建全兒童文學獎、省教育廳兒童文學獎、上海童話報金翅獎、「好書大家讀」年度最佳童書等獎項。已出版的作品有：《狐狸的錢袋》、《花漾羅莉塔》、《母雞孵出大恐龍》、《貓的內衣店》、《鱷魚帶我上太空》、《泡芙酷女生》、《銀線星星》、《兔子比一比》等書。

繪者　王書曼

喜歡聽故事、讀故事，有時也住在故事裡；有時間就到處走走逛逛，有時收集陽光、古老房舍、老得不能再老的樹、推著一堆雜貨的老婆婆、黑夜覆蓋的小山坡……將它們放在腦中保溫，孵化成美麗又奇幻的夢——目前在家專職插畫，努力作夢！

曾入選2006年義大利波隆那國際兒童書插畫展。已出版作品有：《天涼好個秋─讀宋詞，學漢字》、《看我七十二變》、《大巨人普普》……等。

邊邊

適讀年齡：國小高年級以上

故事簡單說

英雄有個在報社上班，卻被邊緣化的爸爸，也有一個熱愛搖滾樂，想法跟大家很不同的媽媽。而他覺得自己雖然叫做「英雄」，但個性實在不怎麼「英雄」。

這天，爸爸宣布他被報社裁員了，英雄原本只擔心爸爸失業了，家中經濟如果出問題，他恐怕連銅鑼燒都吃不起，卻沒想到爸媽突發奇想，決定搬去花蓮開民宿，名字就叫做「邊邊」。雖然生活有了一百八十度的轉變，但對英雄來說，日子似乎也沒什麼差別，他一樣熱愛銅鑼燒，一樣對身邊的事物沒有太大熱情。

直到有一天，在學校練習足球時，運動神經不發達的英雄被高速竄來的球砸中頭部，當場昏厥的他，竟闖進了盛唐時期的大漠，結識了在邊疆經營「邊邊」客棧的小木和花爺爺。他們的友善讓英雄敞開心扉，再加上與邊塞詩人岑參、高適的離奇相遇，雖然沒辦法成功營救李白，改寫歷史，但這些不平凡的奇幻經歷，卻改變了英雄原本對事情漠不關心的態度，展現了一個少年善良勇敢的成長痕跡。

生命共同題——人生難得知己

朋友的力量有多大？陰錯陽差，穿越時空去到唐朝的英雄，意外的遇見了小木，兩人在那個古老時空裡結成了好友。英雄因此體會到友情的美好，卻也在花爺爺與高適的交往上，看見與朋友站在對立面時的悲傷與遺憾。朋友是每個人成長過程中最重要的一環，如何與友伴交往？與朋友間的對立如何化解？則是每個人成長過程中最重要的課題。

心情轉運站

- 在這個故事裡，你最喜歡誰？他在故事中扮演什麼樣的角色和影響力？
- 你自己是「邊邊」還是「聚光焦點」呢？你期望是哪一個？為什麼？
- 在小木的經歷中，你最嚮往或是印象深刻的段落是什麼？
- 作者在故事尾端留下了祕密線索，不知道聰明的你有沒有發現？你覺得小木是男生還是女生？最後他和英雄有重逢嗎？請說一說你的想法。
- 讀完故事後，你對「邊塞詩」應該有了更深的了解，請說說什麼是「邊塞詩」？代表詩人有哪些呢？而你最喜歡的是哪一首詩？

小活動

在「英雄啓示錄」中，你學到了哪些寫作技巧？如果可以，試著畫一個表格，將它們整理成你的「作文祕笈」吧！

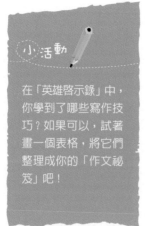

info

邊邊

策劃：張曼娟
作者：孫梓評
繪者：蘇力卡
規格：平裝｜208頁｜17×22cm
出版社：天下雜誌
出版日期：2010年10月初版
（圖片提供／天下雜誌）

策劃　張曼娟

中國文學博士與教授，在大學教書逾二十年，出版《海水正藍》等作品集，為暢銷與長銷作家。喜歡從古典或經典中發掘新情感，講故事給孩子聽，是最大的享受。2005年成立【張曼娟小學堂】，帶領孩子閱讀經典與創作，2006年企劃創作【張曼娟奇幻學堂】，希望孩子能夠在愛與夢想中成長。2008年策劃出版【張曼娟成語學堂】，用新編故事來介紹成語典故，讓古代人與現代人親密對話。2010年策劃【張曼娟唐詩學堂】，以現代的角度詮釋古典唐詩，帶領小讀者用詩人的眼睛與心靈，感受世界。

作者　孫梓評

地球人。1976年開始使用。東華大學創作與英語文學研究所畢業。現任職於報社副刊。出版過散文、小說、詩集數種。熱愛閱讀書本與路人的臉。喜歡美味的食物和事情。害怕失控的身體或意志。意外展開童書創作，已出版《花開了》、《爺爺泡的茶》和《星星壞掉了》。

繪者　蘇力卡

文化大學美術系畢業，去了法國兩年，喜歡有變化的生活，喜歡每隔一段時間就嘗試用不同的媒材創作，特別喜愛紙張與布料的味道。覺得回到工作桌前畫畫或手作是生活中最幸福的事。

第8章 面對離別

《熊與山貓》
《讓我們看雲去》
《吹口哨的孩子王》

熊與山貓

適讀年齡：國小中低年級

故事簡單說

好朋友小鳥死了，悲傷的熊每天都在回憶和想念中度過，他小心翼翼的將小鳥放在木盒子裡，像包裝禮物一樣，感覺小鳥好像只是睡著了。有一天，一隻陌生的山貓來到森林，熊對山貓身邊的盒子很好奇，便像交換條件似的，把裝著小鳥的盒子拿給山貓看。

沒想到山貓一語道破熊心中的孤單，並拿出自己盒子裡的小提琴，替熊和小鳥演奏一曲。在樂聲中，熊想起一件又一件曾經和小鳥一起做過的開心事，最後，熊決定放手了，將小鳥埋在他們以前一起做日光浴的地方。

當山貓要離開森林時，他拿出背包中破舊的鈴鼓，邀請熊一同作伴，熊看見鈴鼓上有好多髒髒的手痕，心想，山貓想必曾經也有個形影不離的好朋友吧！

生命共同題——拍響友誼的鈴鼓

「天下無不散的筵席」，有些離別是由不得我們做選擇的，面對與朋友的分離時，是陷入傷感？封閉自己？或是將這段友誼化作美麗的回憶，成為另一段友情的延伸呢？藉由這個故事的觸發，讓孩子學會在下一次面對與朋友的分離時，知道這不是結束，而是另一篇樂章的開始。

心情轉運站

- 看完這個故事後，你的第一個情緒是什麼？分享一下你的想法。
- 你認為熊最後將裝有小鳥的木盒埋葬，其表面及隱藏用意各是什麼呢？
- 故事中有許多「細部摹寫」的漂亮句子，你能找出最喜歡的五句嗎？
- 熊和小鳥總會以「今天早上」作為每次見面的開場白，想一想，你和最好的朋友之間有沒有什麼「友情密碼」？或是最喜歡共同做的一件事？
- 如果有一天，你必須跟最要好的朋友告別，你會用什麼樣的方式說再見？寫一封信？給對方一個大擁抱？或是為彼此埋下一個祕密的「時光膠囊」？

小活動

熊將最心愛的朋友放在精心裝飾的木盒裡，現在也請你找一個不要的糖果盒、喜餅盒，或是自己動手做紙盒，然後將它裝飾黏貼，設計一個屬於你自己心愛的「百寶盒」。

info

熊與山貓

作者：湯本香樹實
繪者：酒井駒子
譯者：米雅
規格：精裝｜52頁｜24×18.6 cm
出版社：小天下
出版日期：2010年09月初版
（圖片提供／小天下）

作者　湯本香樹實

1959年出生於東京，東京音樂大學音樂學系畢業。文筆清新自然、細膩感人，作品主題多半與親情、友情和生死有關。以小說《夏之庭》獲日本兒童文學協會新人獎與兒童文藝新人獎，這本書曾在日本被改編成電影與舞臺劇，深獲好評，並被譯為十多國語文出版，在美國榮獲《波士頓環球報》號角書獎與美國圖書館協會推薦圖書，在臺灣也榮獲《中國時報》開卷年度好書獎。除了創作小說、童話、圖畫書之外，她也從事圖畫書的翻譯工作。

繪者　酒井駒子

日本超人氣圖畫書作家與插畫家，1966年出生於兵庫縣，東京藝術大學美術學系畢業。除了擔任插畫工作之外，也經常為書籍設計封面，並且從事以和服為中心的織品設計等工作。畫風獨樹一幟，作品質感厚實、層次豐富。1998年開始投入圖畫書的創作，沉鬱深邃的美感創造出獨特的個人風格，在日本國內外均獲得極高的評價，作品曾獲日本繪本大獎、斯洛伐克布拉迪斯國際插畫雙年展金牌獎、荷蘭銀筆獎、美國《紐約時報》年度最佳繪本獎。圖畫書著作豐富，包括《狐狸神仙》、《星期五的小砂糖》、《我討厭媽媽》、《黑夜小小熊》、《天鵝絨兔子》等。

譯者　米雅

日本大阪教育大學畢業，曾任教於靜宜大學日本語文學系十餘年。目前主要從事翻譯、寫作等文字工作，同時也是圖畫書插畫家。主要作品有《桃樂絲的洋娃娃─彭蒙惠的故事》（宇宙光）、《小玲的台中歲時記》（青林）等。

讓我們看雲去

適讀年齡：國小高年級以上

故事簡單說

生活在二〇三〇年的雲仔，從小和母親相依為命。在失去好朋友阿立後，陷入了深深的憂鬱。為了治療雲仔的憂鬱症，媽媽帶他到日本旅遊。當雲仔一個人在樹林裡散步時，竟然遇見了一個穿越時空來自大唐的中國人，這個自稱杰哥的人，原來正是唐朝的大詩人王維。雲仔意外拾獲了杰哥的神奇筆記本，杰哥也不吝告訴他能夠藉由筆記本穿梭時空的祕密。

與此同時，雲仔在日本見到了日本叔叔，那是母親的舊識。在一次意外聽見母親與日本叔叔的談話中，雲仔終於知道原來這個日本叔叔是自己的親生父親，而且他還準備將雲仔從母親身邊帶走，因為他擁有雲仔的監護權。不知所措的雲仔，為了知道自己到底會不會離開母親，因而想藉助筆記本的力量，去未來改變自己的命運。

毛筆先生告訴雲仔，想要阻止不好的未來發生，根本不必去未來，而是從現在就要開始改變。但雲仔還是堅持要去看一看。在見過未來之後，雲仔也終於了解，從現在開始珍惜與母親一起的生活，並且讓自己開朗起來，才是最重要的事情！

生命共同題——走出朋友離別的憂傷

「明明天空已經放晴了，樹林裡因為落日的照耀，也不那麼陰暗，可是，剎那間我卻難過起來，是因為想到了你吧？親愛的阿立。」這段話道盡了和好朋友的分離、思念所產生的憂傷。友伴的分離會帶給孩子失落與悲傷的情緒，但如果能走過這樣的情緒，也是生命成長的契機。但如果無法走出悲傷的圈圈，就會成為生命中重大的困境。如何引導孩子去面對自己的情緒，坦然面對生命中的離別，轉化思念的力量，是這個故事要帶我們看見的風景。

心情轉運站

- 如果你是雲仔的朋友，你會怎麼幫助他走出難過的心情？或者如何鼓勵他？
- 你覺得杰哥用什麼方式引導雲仔走出悲傷？
- 你經歷過與朋友分離而無法再見面的經驗嗎？當時心情如何？後來是怎麼找到傷心的出口？用什麼正面積極的方法呢？
- 如果只有一天的時間讓你遇到故事中的角色，你會選誰？會如何安排？請和大家分享你的計畫和想像。
- 在故事裡提到日本哪個城市是模仿唐朝的長安城建造的？就你的觀察，有沒有哪些日本文化或者名稱跟中國唐代有關的呢？

小活動

故事中提到許多王維及孟浩然的詩作，請選擇其中一位詩人，找一找他的生平背景，並選擇你最喜歡的一首詩，試著寫出翻譯和心得賞析。

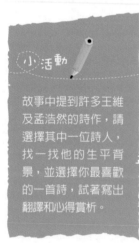

info

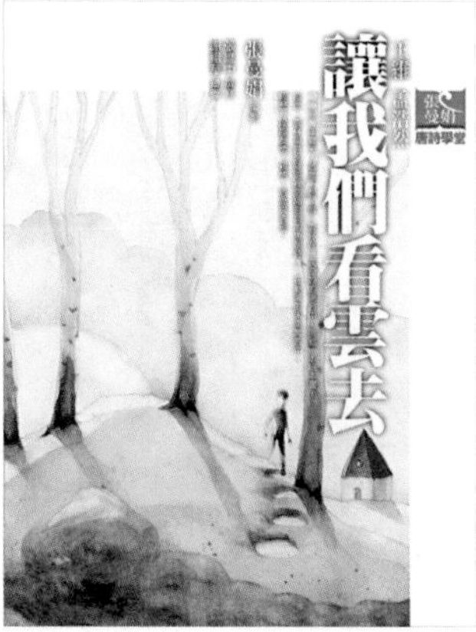

讓我們看雲去

策劃：張曼娟
作者：張維中
繪者：謝祖華
規格：平裝｜208頁｜17×22 cm
出版社：天下雜誌
出版日期：2010年10月初版
（圖片提供／天下雜誌）

策劃　張曼娟

中國文學博士與教授，在大學教書逾二十年，出版《海水正藍》等作品集，為暢銷與長銷作家。喜歡從古典或經典中發掘新情感，講故事給孩子聽，是最大的享受。2005年成立【張曼娟小學堂】，帶領孩子閱讀經典與創作，2006年企劃創作【張曼娟奇幻學堂】，希望孩子能夠在愛與夢想中成長。2008年策劃出版【張曼娟成語學堂】，用新編故事來介紹成語典故，讓古代人與現代人親密對話。2010年策劃【張曼娟唐詩學堂】，以現代的角度詮釋古典唐詩，帶領小讀者用詩人的眼睛與心靈，感受世界。

作者　張維中

東吳英文系畢業，文化英研所文學碩士，日本早稻田大學別科進修。曾擔任大學講師，開設比較文學、現代小說暨散文閱讀與創作課程。著有小說《501紅標男孩》、散文《東京上手辭典》、《東京開學》等書。並在天下雜誌著有《看我七十二變》、《野蠻遊戲》、《完美特務》、《讓我們看雲去》等書。

繪者　謝祖華

平面設計系畢業。愛樂人、攝影迷。留學英國期間，養成酗奶茶和四處流浪的習慣。
繪有《紅瓦房》、《我愛藍樹林》、《帝國末日的山水畫—老殘遊記》、英譯本《橘子紅了》等書。

吹口哨的孩子王

適讀年齡：國小高年級以上

故事簡單說

小剛四年級時，班上轉來一位綁著沖天炮頭的學生——真琴。她是個特別的女生，充滿正義感，像個大姊頭，在第一次對全班自我介紹時，真琴說她的夢想就是成為這所學校的孩子王，還說自己最討厭對欺負弱小者視而不見的人。真琴獨特的個性對小剛帶來很大的影響，而且，她也是小剛的爸爸在國小時最好的朋友的女兒，只不過，真琴的爸爸已經生病過世了。

經過校外活動和體育課的考驗，小剛看到了真琴的正義感，也慢慢的改變了自己的個性。他跟這個與他個性截然不同的女孩，成為互相幫助與學習的好朋友。加上小剛爸爸的牽引，小剛更了解外表堅強的真琴，其實也有脆弱和柔軟的一面。

不過珍貴的時間總是短暫，真琴因為年邁的祖母需要就近看醫生而必須轉學。雖然從此失去了音訊，但是真琴當初教小剛「想哭的時候，就吹口哨吧！」的魔法，已經永留他的心中。

生命共同題｜人海中，感謝遇見你

生命的航行中，有人共度也有人會在半途離席。但每一段的相遇不管長或短，都珍貴無比，也都為我們的生命帶來更豐厚的意義。故事中傳奇似的出現與消失的真琴，在這短暫的相遇裡，給小剛帶來了兩樣禮物，一個是改變了他的軟弱與遲疑，一個則是讓他學習面對離別。透過小剛的眼，帶領孩子去看見自己可能在別人生命中扮演怎樣的角色？也去體會儘管分別讓人感傷，但日後當我們又吹著思念旋律的口哨時，也將會因為友情而充滿甜美的回憶。

心情轉運站

- 你覺得小剛和真琴為什麼能成為好朋友？他們之間有什麼差異處是互補的嗎？
- 你覺得「孩子王」的定義是什麼？你也想當個「孩子王」嗎？為什麼呢？
- 書中有提到「迎接之火」，你覺得這活動的意義是什麼？帶給你的感動是什麼？
- 「想哭的時候，就吹口哨吧！」是真琴教小剛面對傷心時的化解方法，當你傷心難過時會用什麼方法呢？能和大家分享嗎？
- 故事中有四種不同的離別，你能找出來嗎？他們之間的差別是什麼呢？你覺得「離別」真的只有傷心的成分嗎？有其他正面的情緒嗎？

小活動

故事中的小剛在年老時回憶過往，想尋找真琴的蹤跡。但最後作者並沒有告訴我們究竟真琴離開後去了哪裡？兩個人最後能否再相遇？請你發揮你的想像力與寫作力，把真琴離開之後，以及她與小剛之後的發展，寫下一個你喜歡的結局吧！

info

吹口哨的孩子王

作者：重松清
譯者：原木櫻
規格：平裝｜224頁｜14.8×21 cm
出版社：唐莊出版
出版日期：2008年3月初版
（圖片提供／唐莊出版）

作者　重松清　Kiyoshi Shigematsu

1963年出生於日本岡山縣，畢業於早稻田大學教育學部，曾任出版社編輯，現為自由作家。

1991年以《ビフォア・ラン》在文壇展露頭角。1999年，以《ナイフ》（中譯本：《刀》）獲得第14屆坪田讓治文學賞，同年又以《エイジ》獲得第12屆山本周五郎賞，2001年以《ビタミンF》（中譯本：《維他命F》）獲得第124屆直木賞。

譯者　原木櫻

日本國立九州大學大學院比較社會文化學府國際社會文化專攻博士課程修了。喜歡悠游於文字世界裡。在文字中，可以循規蹈矩，也可以放浪不羈；可以自由奔放，也可以克制壓抑。在文字中冒險，在文字裡體驗人生。一次又一次。人生如文字，文字如人生。

第9章 團結萬歲

《我的朋友小結巴》
《我是光芒！》
《天鷹翱翔》

我的朋友小結巴

適讀年齡：國小中低年級

故事簡單說

新學期開始，班上來了一個轉學生，他那一頭亂糟糟的頭髮，不管走到哪裡都引人注目。同樣令人注目的還有他一開口，只要說到有ㄅ、ㄉ和ㄎ的音，就會結巴得很嚴重，不僅成為大家嘲笑、模仿的對象，不知道什麼時候開始，他還有了「小結巴」的綽號。

為了參加班際話劇比賽，小結巴很認真的練習，也加入老師安排的正音課，但仍無法突破結巴的困境。終於在一堂介紹父母職業的活動中，小結巴的自尊心被訕笑聲瓦解了，他難過的獨坐在學校的屋頂，直到校工亞伊亞與他溝通後才化解他的沉重心情。

經過這次事件，同學們不再嘲笑小結巴了，除了邀請他參加慶生會，還一致通過選他擔任班長，小結巴也因為信心的建立，找到未來的志向——當一個演員。

生命共同題｜友情的累積也是信心的建立

故事中的小結巴，有了同學的肯定，不但當了班長為同學爭取福利，還信心滿滿的立定當話劇演員的志向。人不可能十全十美，但往往也因為不完美而瓦解了自己的信心，這時候最珍貴的力量就是朋友的支持和肯定。學習中若有朋友的合作扶持，不但不孤單，也會覺得更有目標與力量。

心情轉運站

- 「小結巴」的綽號是怎麼來的？
- 小結巴因為天生的缺陷，遭遇了哪些挫折呢？
- 老師和同學對小結巴態度的轉變，是因為什麼原因呢？
- 小結巴為什麼會把自己反鎖在廁所，又為何會獨坐在屋頂上？如果你是小結巴的同學會如何幫助他？
- 你猜小結巴能完成自己的夢想嗎？為什麼？你是從哪些地方得到這個結論？

小活動

請你從小結巴的角度，用 300～500 字以第一人稱的方式完成一篇「小結巴的自白」。

info

我的朋友小結巴

作者：碧雅翠絲．芳塔內
繪者：馬克．布塔方
譯者：吳愉萱
規格：軟精裝｜48 頁
出版社：阿布拉教育文化
出版日期：2010 年 7 月初版
（圖片提供／阿布拉教育文化）

作者 **碧雅翠絲．芳塔內** Beatrice Fontanel

1957 年生於摩洛哥，是知名的詩人與作家，著有《瑪蒂達和她的小紙片》（遠流）等書。

繪者 **馬克．布塔方** Marc Boutavant

1970 年生於法國柏根地，曾多次獲得歐洲青少年文學獎，著有《瑪蒂達和她的小紙片》（遠流）、《河馬波波屁股大》（遠流）、《不會寫字的獅子》（米奇巴克）等書。

譯者 **吳愉萱**

國立中央大學法文系畢業，現任童書出版社編輯，譯有《3 隻小綿羊》、《莉塔和那個那個去上學》、《不會寫字的獅子》等書。

我是光芒！

適讀年齡：國小高年級以上

故事大綱

光芒國小六年愛班的學生，是一群非常有愛心的小朋友。在進行關懷弱勢的課程主題時，老師要他們想一想有哪些容易被忽略的弱勢者。班上同學畢琪分享了她表弟就讀的花蓮山上小學的貧困處境，激起了同學們的熱血，最後他們決定一起參加「十能少年團體錦標賽」，希望能贏得二十萬元的獎金，全數捐給山上小學。

為了這項比賽，班上不同的性格的同學，決定同心協力，分工合作，動員組織所有適當的人，志在必得。只是過程並不順利，首先是班上最會畫壁報的畢琪因為母親生病必須轉學，只能參加兩項，讓戰力大大降低。接著是棒球隊主力一朗的愛狗「玩具」發生車禍不幸去世，一連串的打擊讓全班烏雲罩頂，但他們並沒有放棄，反而化悲憤為力量，認真把大家的光芒發揮到最耀眼。

儘管最後沒有拿到冠軍，奪得獎金，但經過這次的競賽，讓這群畢業生學習到團結合作和同舟共濟的道理，也更能體悟成長的美好與期待。

生命共同題——我們坐在同一條船上

人不可能一輩子獨立生活，也不可能要其他人都聽從自己的意見。尤其孩子在學習的過程中，必定會遇到團體比賽或是分組討論。這時候，如何與人合作，在團體中發揮自己的力量，協調彼此的稜角以完成團體的任務，就成為最重要的學習。這本書，藉由一群孩子與一個極具意義的活動，帶孩子看見包容彼此不同的意見和個性，團結一致，共同想辦法解決困難、一起度過難關的重要性。

心情轉運站

- 故事中的主人翁各自有不同的煩惱，對於現在的你來說，心中最大的煩惱是什麼？最開心的又是什麼？
- 為什麼「同舟共濟」可以用來形容團體合作呢？
- 能分享一個令你印象最深刻的「團體合作」經驗嗎？別忘記要完整的告訴大家，從開始的籌備、中間的過程和最終的結果喔！
- 在你的生活中，自身或朋友遭遇過被歧視或排擠的狀況嗎？當時你的心情如何？而你怎麼解決？
- 在團體合作的過程中，你覺得最困難的是哪個部分？為什麼？怎麼解決這個困難呢？

小活動

如果每個人都像一個發光體，能散發出不同專長的光芒。那麼，你覺得自己可以散發出什麼樣的光芒？試著把那樣的光芒畫下來喔！

info

我是光芒！

策劃：張曼娟
作者：黃羿瓅
繪者：王書曼
規格：平裝｜216 頁｜17×22cm
出版社：天下雜誌
出版日期：2008 年 10 月初版
（圖片提供／天下雜誌）

策劃　**張曼娟**

中國文學博士與教授，在大學教書逾二十年，出版《海水正藍》等作品集，為暢銷與長銷作家。喜歡從古典或經典中發掘新情感，講故事給孩子聽，是最大的享受。2005 年成立【張曼娟小學堂】，帶領孩子閱讀經典與創作，2006 年企劃創作【張曼娟奇幻學堂】，希望孩子能夠在愛與夢想中成長。2008 年策劃出版【張曼娟成語學堂】，用新編故事來介紹成語典故，讓古代人與現代人親密對話。2010 年策劃【張曼娟唐詩學堂】，以現代的角度詮釋古典唐詩，帶領小讀者用詩人的眼睛與心靈，感受世界。

作者　**黃羿瓅**

東吳大學中文系畢業，歷任作文專任教師、出版社主編，並兼任特約潤稿、撰稿者多年。現為「張曼娟小學堂」高級班教師，受邀為新加坡南洋女中設計與撰寫「閱讀計畫」系列文章，亦為該校國文特選班學生赴台浸濡開設「創意寫作」之深廣課程。曾獲「九歌兒童文學獎」等，著有《永遠小孩》、《光明小天使——王冇的故事》等十餘本書。喜歡文字與教學，持續寫作中。

繪者　**王書曼**

1979 年生，作品《回到那個地方》入選 2006 年義大利波隆納兒童書展。
出生於台灣西海岸的清水小鎮，有個甜蜜的童年。覺得能「畫出自己滿意的作品」是畫插畫最大的成就；只是，滿意的心通常不會停留太久，又開始期待下一次的挑戰。創作特色是保有孩子的天真與大地的溫柔，賦予畫筆下的主題溫煦的生命力，在不同的角落暗藏了美麗的風景。作品有：《回到那個地方》、《小孩的宇宙》插畫（天下雜誌出版）等。

天鷹翱翔

適讀年：國小高年級以上

故事簡單說

熱愛遙控飛機的阿龍和小彬，為了實現在天空翱翔的夢想，除了用打工賺的錢買零件組裝「神勇號」之外，還刻意加入「天鷹俱樂部」，希望贏得飛行比賽的首獎「天鷹號」。但是過程並不順利，俱樂部教練的教導方法讓他們很不服氣，也覺得挫折。但兩個人決定要奪冠的心意沒有改變，他們只專注於自己的技術，對於團體的其他人則不肯伸出援手。

到了真正比賽當天，為了爭一口氣，「神勇號」在賽前表演了許多的特技，出盡風頭，也讓阿龍和小彬贏得觀眾和評審的掌聲，不過降落時卻出了意外，飛機受損無法再參賽。幸好團員們慷慨相助，讓原先只想贏得獎品的他們，看見不熟識的夥伴為了幫助他們，不求回報的提供零件、拖延賽事等等。自私的兩個人這才真正明白，團體中無私的付出、捨己為人的熱情，才是真正的「天鷹精神」。最後，他們靠著團隊合作，運用三架飛機合力演出了一場令眾人刮目相看的精采表演。

生命共同題｜當心胸變得狹窄，世界也隨之縮小

阿龍與小彬參加俱樂部只為了贏得獎品，自私又叛逆的兩個人，在團隊中不願意幫助他人，仗著自己的技術不管教練的指示，最後遭致嚴重的失敗，也讓整個團隊蒙羞。但其他孩子毫無成見的付出，協助修復他們的飛機，最終在團隊合作下，贏回了整個團體的榮譽。在團體中該扮演什麼樣的角色？如果自己擁有高超的技術，是否就可以不管他人只管爭取自己的榮譽？當專注在爭取自己的成就時，是否也因此犧牲了其他的東西？這些議題都值得在看完這個故事，帶孩子進一步去反思。

心情轉運站

● 阿龍和小彬為什麼要加入「天鷹俱樂部」呢？

● 你認為陳教練不斷要求會員們練習基本功的意義和用心在哪裡？

● 為什麼阿龍和小彬在比賽後要「重新宣誓」加入「天鷹俱樂部」呢？

● 阿龍和小彬從這些夥伴身上學到了什麼？令他們感動的又是什麼？

● 你曾經為了自己的願望和夢想付出過哪些努力呢？「不勞而獲」和「自食其力」後的獲得，有什麼樣的差別？

小活動

雖然我們沒有遙控飛機，但是動手摺一架紙飛機吧。把心中的夢想寫上去，然後加點裝飾，讓夢想的飛機在天空翱翔！

info

天鷹翱翔

作者：李潼
繪者：劉時傑／內頁插圖、
　　　張振松／封面插圖
規格：平裝｜200 頁｜25K
出版社：聯經出版公司
出版日期：2010 年 6 月初版
（圖片提供／聯經出版公司）

作者　李潼

本名賴西安，1953 年出生於花蓮，定居宜蘭。2004 年因癌症於 12 月 20 日逝世，得年 52 歲。對於文學創作有極大熱情，是創作力強盛、作品質量自我求高的文字工作者。文學作品中的人性刻畫、溫情流露獲得廣大讀者的共鳴，特別是對於少年、兒童讀者的文學思維建立、情感觸探更有深遠影響。

友情主題活動單

好腳色（2人3腳）

活動主旨

「2 人 3 腳」不僅是個遊戲，更能展現朋友間默契的協調和友情互助合作的精神。

活動地點

在操場草地上、體育館，避免跌倒受傷。

活動準備

束帶、三角錐、接力棒。

注意事項

2 人 3 腳束帶以綁活結的方式，繫住踝關節，需注意綁的鬆緊，太鬆容易脫落，太緊容易絆倒，一般以間隔一個拳頭寬較適合

步驟一

2 人為一組，6 人一隊。(分組練習 20 分鐘)

步驟二

在 2 人內腳踝處綁上束帶，互相搭肩合作前進，以繞三角錐回到起始點的競賽方式進行。

步驟三

本項競賽採計時賽，最短時間完成之隊伍即為優勝。

心得分享

Q1：練習的過程中，你覺得最困難的地方在哪裡？

Q2：練習中你們有爭執和意見不合的時候嗎？最後如何解決？

Q3：這個活動的技巧在哪裡？需要具備什麼精神？

Q4：活動帶給你的快樂和成就感是什麼？請和大家分享。

延伸活動

進階挑戰為 3 人 4 腳、4 人 5 腳、5 人 6 腳……以此類推。

Part. 4

信賴

對夢想的信賴，可以讓夢想成真。
對自己的信賴，可以突破生命的困境。
對他人的信賴，可以獲得更大的能量。
生命中有很多的未知，
學會信賴，就能創造最大的可能。

不只是個奇蹟

那天課堂的主題是「我很特別」。我給孩子們三分鐘，請他們在心型便利貼寫上自己的優點和夢想，結果有個小女生認真思考之後，低下頭寫了個字，就把筆放下了。我上前一看，只見她在紙條上寫了一個大大的「無」。我悄悄的問她，真的想不到什麼其他的優點了嗎？她搖搖頭，說她又矮又小，連四歲的弟弟都快追上她的身高，加上她的動作慢，常常挨罵，所以想不到有什麼優點和夢想。結果，教室裡除了幾個少數的孩子信心滿滿的振筆疾書，多數的孩子都是滿臉苦惱。藉此機會，我跟他們談起林書豪兩個禮拜內成為明星球員的故事。故事才開了頭，有個孩子便舉手說：「老師，那只是個奇蹟！」然而，這真的只是突然發生的奇蹟嗎？

我並不這麼認為，林書豪在ＮＢＡ近兩年的時間裡，充其量只是個「替補球員的替補」，坐足了連冷板凳都稱不上的角落，與他為伴的是球員上場喝的運動飲料。加上兩週內被兩個球隊釋出，我想如果不是對於夢想的堅持，實在不是每個人都能撐得下去的。《盾》一書說道：「生命的盾有兩種，一種在身體的內部，一種在外側。」但是我們往往為了迎合他人，選擇遺忘內心的夢想，把緊貼自己的盾放到發霉，變得不快樂。《我們不是小偷》裡的小杰，就是害怕迎合傳統，通過「成年禮」後成為名副其實的小偷，再也不能坦然的接受模範生的表揚，最後仰賴自己誠實的本心，決定對抗堅持保存傳統的舅公。

因為林書豪堅持守護內心對籃球的熱愛，在他被球隊下放的時候，反倒用真誠的態度與其他隊友建立信任的默契。不上場的時間，他仔細觀看每個隊友的打球風格和分析每場球賽的戰況，一切都在他的腦子裡模擬，假想如果站在場上的人是自己，該如何面對？他並沒有空等，而是蟄伏醞釀著未來的能量，因為他要創造被看見的機會。我告訴孩子，這就是一種對夢想的相信和仰賴。《想睡的男孩》不也是相信只要活著，幸福終有一天會來到嗎？曾經，我也因為對中文的熱忱，被不少親友質疑，畢竟這是個成就取向的社會。困惑猶疑時，有個老師告訴我：「選擇什麼科系不重要，而是你能不能在這裡突顯自己的價值？」倚靠著這份相信，一路上，我不僅認識許多一起為中文努力的夥伴，也從挫敗中建立自信。在《35公斤的希望》裡，一個在小學時就留級兩次的男孩，憑藉著對發明的熱愛和對夢想的仰賴，終於扭轉被社會淘汰的人生。因為沒有人相信你的時候，只有相信自己才能突破困境。

所以在「信賴」這個單元裡，希望能藉由推薦的書籍告訴孩子，生命中有很多未知的可能，在我們看見林書豪的奇蹟時，別忘學習他如何相信夢想，創造脫穎而出機會，以及背後所付出的努力。

第
10
章

放下戒心，信任他人

《完美特務》
《迷時回》
《盾》

適讀年齡：國小高年級以上

完美特務

故事簡單說

三個性格不同的好朋友，成天抱怨著「無聊啊，真無聊！」因為現實生活中，每天只能做著千篇一律的事，上課啊、補習啊、學才藝啊，真是太無聊了。要是可以生活在電玩世界，應該就會很好玩吧。

沒想到美夢竟然成真，他們進入了夢寐以求的電玩天堂，然而等在前方的卻是一個個嚴苛的考驗。鱷魚老婆婆、圓規精、爆炸少年等奇怪人物，都是他們必須拚命闖過的電玩關卡。這時他們才明白，原來電玩世界比真實世界更加冷酷無情，唯有克服猜忌、自私，彼此全然的信任與合作，才有可能逃離那個比惡夢還要真實的地方！

生命共同題——團體間的互相猜忌

一心想成為偶像的阿霖，雖有滿腔學問、但卻一臉土氣的大牛，以及有著唇顎裂的小茜，三人雖然平時是好朋友，但心裡總埋藏一些對自己不完美之處的自卑，以及對其他人的批判。這個電玩世界就像個照妖鏡，一個一個的關卡，不同的挑戰，讓三人面臨生死存亡的關頭時，也赤裸的面對自己內心的傷口與別人對自己的批判，友誼的防線備受考驗。這個故事，用孩子最喜愛的電玩世界，帶領孩子看見生活裡處處會有合作競賽，在面對彼此的嫌隙和戒心時，唯有拋除成見，牽起信任的手，才能完美達成每一件特別的任務。

心情轉運站

- 故事中的三個主角各自有什麼樣的困擾？他們覺得自己不完美的地方在哪裡？
- 你是不是也像故事中的主角一樣，常常覺得生活很無聊、單調、不知道做什麼好呢？如果是，那你有想過怎麼改變這樣的心態嗎？
- 故事裡有許多不同的關卡，你覺得最可怕的關卡是哪個？為什麼？如果是你遇到了，會如何解決？
- 你有沒有像故事中這樣共患難的好朋友？你們曾經發生過互相猜忌、不信任的誤會嗎？後來是怎麼化解心結的呢？
- 看過了這麼多的成語，你能隨口說出五個故事中提到的成語，並且用你自己的方式解釋這五個成語嗎？

小活動

「鏡子」的信任協調活動

二人一組，一人當「人」、一人當「鏡子」，台下同學當裁判。雙方面對面站立，彼此間維持適當的距離。活動時間為兩分鐘，遊戲開始後，「人」開始做動作或表情，「鏡子」要即時模仿「人」。兩人的眼神要彼此對望，不可東張西望，只要「鏡子」兩次跟不上「人」的動作，就會被淘汰，最有默契的一組即為優勝。

info

完美特務

策劃：張曼娟
作者：張維中
繪者：謝介文
規格：平裝｜216 頁｜17×22cm
出版社：天下雜誌
出版日期：2009 年 10 月初版
（圖片提供 / 天下雜誌）

策劃　張曼娟

中國文學博士與教授，在大學教書逾二十年，出版《海水正藍》等作品集，為暢銷與長銷作家。喜歡從古典或經典中發掘新情感，講故事給孩子聽，是最大的享受。2005 年成立【張曼娟小學堂】，帶領孩子閱讀經典與創作，2006 年企劃創作【張曼娟奇幻學堂】，希望孩子能夠在愛與夢想中成長。2008 年策劃出版【張曼娟成語學堂】，用新編故事來介紹成語典故，讓古代人與現代人親密對話。2010 年策劃【張曼娟唐詩學堂】，以現代的角度詮釋古典唐詩，帶領小讀者用詩人的眼睛與心靈，感受世界。

作者　張維中

東吳大學英文系畢業，文化大學英文研究所文學碩士，現於日本早稻田大學進修。十九歲起開始奪下各大文學獎獎項，二十歲出版第一本小說，成為台灣新世代重要作家。多年來穿梭於出版、媒體與學術圈，除作家身分外，工作經歷出版編輯、雜誌採訪、編劇和大學現代文學課程講師。作品包括《看我七十二變》、《野蠻遊戲》、《501 紅標男孩》、《不是太堅強》、《天地無用》等。

繪者　謝介文

台灣藝術學院雕塑系畢業。從事創作和商業設計十餘年，曾為 ELLE、天下雜誌、商業週刊、聯合報、寶瓶文化、臺大兒童醫院、衣蝶百貨、京站 Q-Square……等媒體及企業繪製插圖、設計及空間規劃，插圖活潑生動，色彩運用豐富。出版有《三顆許願的貓餅乾》、《天堂來的孩子》、《Dear Marco》等繪本。

迷時回

適讀年齡：國小高年級以上

故事簡單說

為了暑假作業「媽媽的床邊故事」，小實和媽媽吵了一架，她認為媽媽不僅不會說故事，還討厭故事，實在是太無趣了。然而，一場意外造成媽媽重傷昏迷，無人照顧的小實，只好暫時搬到高雄的舅舅家，住進媽媽小時候住過的閣樓。沒想到那間可能鬧鬼的舊房間，竟然藏著媽媽的祕密：「迷時回」，那是媽媽創造的故事，一個奇幻的時空，而媽媽另一個身分正是滿腦袋都是故事的作家。

但因為媽媽陷入昏迷，迷時回也面臨了即將毀滅的命運。為了拯救媽媽筆下的國度，小實必須冒險進入迷時回改變劇情。然而身為女孩的小實，並不是媽媽當初在故事裡設定的男生角色，這讓故事中的人物處處刁難、提防她，幾次挫折讓小實對媽媽的心結更深了。

然而，在經歷了一連串的冒險與抽絲剝繭後，小實終於知道了媽媽心中的祕密，以及媽媽與舅舅、奶奶之間的心結，也才真真切切感受到，媽媽一直沒對她說出口的愛。

生命共同題 放下戒心，找回信任與仰賴

小實和媽媽一直沒有敞開心溝通，讓很多的「自以為」導致了許多的誤會和戒心，也在親子之間築起了一道高高的牆。其實不僅是小實與媽媽，故事中的奶奶、舅舅，也都是因為不能信任小實媽媽可以在文字裡找到自己的路，不符合他們心中的期待，最後關閉了溝通的大門，小實的媽媽也只得埋葬自己說故事的能力。「迷時回」就像是抽絲剝繭的關卡，讓讀者看見，唯有卸除一層層的防衛、戒心與歧見，願意信賴我們所愛的人，並且給予支持，才能看見埋藏在其中深刻的愛。

心情轉運站

- 小實的媽媽真的不願意說故事給她聽嗎？還是有什麼苦衷呢？
- 媽媽的小閣樓裡有什麼特別之處？媽媽創造的人物在剛開始時為什麼會欺負小實，還懷疑她的身分？
- 在「迷時回」的故事中，哪個部分最吸引你呢？為什麼？
- 你認為「迷時回」能夠被成功拯救回來的關鍵是什麼？
- 你跟爸媽曾經有過什麼樣的心結或誤會呢？後來是怎麼找回彼此的信任？

小活動

媽媽將自己成長的高雄景物編織成「迷時回」的故事，現在請你選出自己身處的城市中的三個特色景物，或者對你有意義的店面或公園等，創造一個奇幻冒險的故事。

info

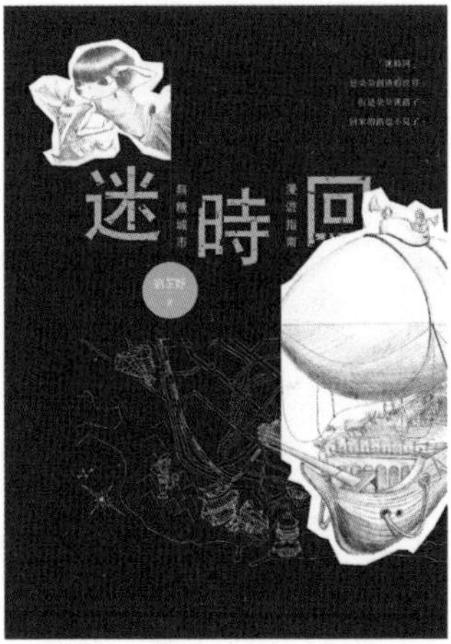

迷時回

作者：劉芷妤
繪者：吳宣儒
規格：平裝｜304頁｜15×21cm
出版社：繆思出版社
出版日期：2011年7月初版
（圖片提供／繆思出版社）

作者 劉芷妤

高雄人。東華大學創作與英語文學研究所文學創作組畢業。曾任廣告文案、社福機構企劃、創意作文班作文老師、兒童節目與偶像劇編劇。曾獲全國學生文學獎大專小說組首獎、教育部文藝創作獎現代舞台劇劇本首獎、2009年高雄文學創作獎助計畫小說組首獎。

繪者 吳宣儒

東華大學英美語文學系畢。努力在被繁雜的行政工作淹沒之餘，也做些自己喜歡的事。曾獲行政院環保署「資源回收環保創意－30秒影像大賽」首獎、財團法人器官捐贈移植登錄中心「98年度器官捐贈、讓愛超越一輩子30秒短片拍攝大賽」季軍；畫作曾收錄於《聖誕老人的禮物》中。

盾

適讀年齡：國小高年級以上

故事簡單說

小村落裡住著兩位年紀相仿，個性卻迥然不同的少年。小島善良隨和、人人都愛；木島彆扭孤僻，連自己的父母也無法和他相處。因為兩人截然不同，常常被周遭的大人拿來相提並論，不過這並不影響他們的好交情，彼此還很羨慕對方的生活。

但是，兩種剛剛好相反的人生，到底哪一種比較好？困惑的他們接受了隱居在森林裡的老人的建議，去尋找自己的「盾」，因為盾才能保護好身體裡非常重要且柔軟的東西，而那個東西能使你確定自己存在的意義。

雖然不太明白老人的意思是什麼，但小島和木島仍出發去找尋。多年後，歷經人生大起大落的兩人回到了森林，這時終於明白，若只是一直迎合別人的期望，即使擁有最強大的防護網，到最後還是會迷失。唯有相信、仰賴自己的內心，卸下害怕他人失望的盾，才是真正的自己。

生命共同題——相信仰賴自己的內心

每個人都不喜歡自己被人討厭、讓他人失望，故事中的兩位少年就如同我們的雙面鏡。木島與小島分別代表兩個不同的典型，木島透過拳擊找到自己的自信，認為那就是自己的盾。小島則認為盾是用來守護自己真實的內心，不讓真正的自己顯露出來。兩人用各自的盾來面對自己的人生，用不同的方式去迎合他人，卻沒有靜靜傾聽內心的需要，最後雖然兩人的結局不同，但過程中，他們都經歷了緊貼在自己內部的「盾」失去保護功能的失落感。這本書讓孩子看到信賴自己內心的重要，也想一想能夠守護自己最重要且柔軟的那個部分的盾，究竟是什麼。

心情轉運站

- 你認為小島和木島為什麼會羨慕彼此？你覺得自己比較像故事中的誰？
- 老人要他們去找尋的「盾」是什麼？他能帶給我們什麼保護？
- 小島少年時隨和的個性，應該會對他有所助益，是什麼讓他失敗了呢？
- 原本事業、家庭兩得意的木島，為什麼會變得窮困潦倒？說說你的看法和觀察。
- 為什麼木島會說「盾」有兩種？它們之間的差別是什麼？

小活動

你覺得自己需要的「盾」是什麼？為什麼？請畫出你想像中的「盾」。

info

盾

作者：村上龍
繪者：濱野由佳
譯者：張秋明
規格：平裝｜160 頁｜14.8×21cm
出版社：大田出版社
出版日期：2011 年 10 月初版
（圖片提供 / 大田出版社）

作者　村上龍　Ryu Murakami

1952 年生於長崎縣。1976 年以《接近無限透明的藍》榮獲第七十五屆芥川獎。多年來相繼發表以「喜歡」為標準介紹各行各業的《工作大未來：從 13 歲開始迎向世界》、描寫日本近期即將面臨的危機《走出半島》等關懷現代社會、提出新價值觀的作品，造成相當話題。1999 年起擔任金融經濟電子報「Japan Mail Media」的總編輯，在文學領域以外也嶄露頭角。

繪者　濱野由佳　Yuka Hamano

1979 年生於大阪府。1999 年仍在大學就讀期間以《那些錢能買什麼？》出道。主要作品有：《爺爺上山賺錢》、《工作大未來：從 13 歲開始迎向世界》、《花車祭典》等書

譯者　張秋明

淡江大學日文系畢業。喜歡閱讀與旅遊。目前專事翻譯。譯有《父親的道歉信》、《模仿犯》、《雛菊的人生》、《家守綺談》等書。

第11章 充滿真誠，建立信用

幫別人背書包的小孩

適讀年齡：國小中低年級

故事簡單說

開學第一天，二年級的石宇有了新任務，就是上下學時幫行動不便的新同學英泰背書包。石宇真的很不情願，不僅要被同學嘲笑背兩個書包，連放學後也不能盡情去踢足球。剛開始，石宇跟其他人一樣，嘲笑英泰走路像烏龜，甚至刻意丟下英泰，讓他一個人慢慢走回家。

直到有一天，石宇踢完球準備送還書包給英泰時，才發現自己只要十分鐘就走完的路程，英泰竟然要花三十分鐘；而且，即使石宇表現出不耐煩的樣子，英泰和媽媽還是誠心感謝他的幫忙，有時還會送禮物給家境不好的石宇。漸漸的，石宇討厭背書包的心態改變了，他放下成見和被動的態度，不僅為背書包這件事感到開心，也真心的想保護英泰，兩個人終於成為彼此信賴的好朋友。

生命共同題｜真誠的幫助換得眾人的信賴

故事中的石宇，從開始的排斥到真誠的付出，除了英泰感受到了，周圍的人也被這份態度而感動。透過故事裡石宇對英泰的態度與心境上的轉變，讓孩子了解助人是件快樂的事情，即使是因為被命令、無法推辭的職責，也可以轉換心境，以發自內心的真誠去行動。否則即使任務完成，對方感受到的只有你的不情願，而自身也會累積不少埋怨，最後兩敗俱傷。

心情轉運站

- 石宇為什麼要幫英泰背書包？能說一說石宇在故事中態度的轉變嗎？
- 英泰的生日派對上發生了什麼事？這對於英泰的處境有什麼重要的轉折？
- 為什麼校長頒獎給石宇的時候，他竟然大哭呢？
- 你的身邊有像英泰這樣的同學或朋友嗎？想一想，我們該用什麼態度來對待或者給予幫助？
- 故事裡，最令你感動的片段是什麼？你從中又學習到什麼？請說明原因。

小活動

「小主人 v.s. 小天使活動」

全班同學依序抽籤（紙條標註同學的姓名或座號），籤上寫的就是你的小主人，自己當小天使。小天使要在三天內默默為小主人做三件幫助他的事，比如說偷偷送早餐、寫加油小卡片……

時間到了，小主人要猜誰是你的小天使並表達感謝。所以每個人既是小天使也是小主人，能幫助別人也能收到小天使對自己的祝福和禮物。別忘了即使抽到討厭的人，也要發自內心的當一個樂於幫助他人的小天使喔！

info

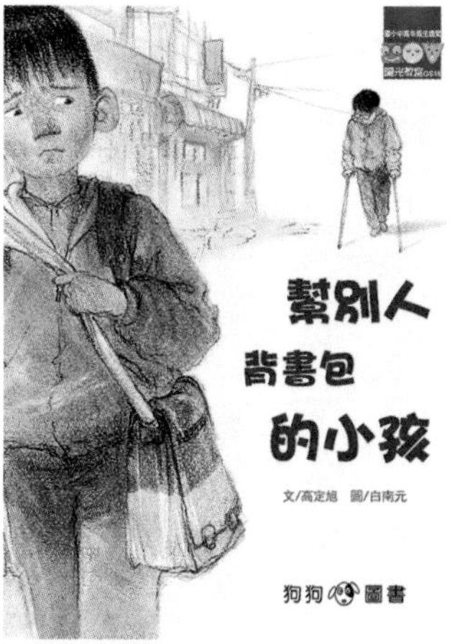

幫別人背書包的小孩

作者：高定旭
繪者：白南元
譯者：林心蕙
規格：平裝｜108 頁｜18.5×23.5cm
出版社：狗狗圖書
出版日期：2008 年 10 月初版

（圖片提供 / 狗狗圖書）

謊話國

適讀年齡：國小中低年級

故事簡單說

米諾天生就擁有大嗓門，只要大喊一聲，不僅玻璃會碎一地，連樹上的水果都會掉光光，就像天崩地裂一樣。這個特殊能力讓米諾在小鎮裡很不受歡迎，大家對他指指點點，喜歡他的人說他是聖人，不喜歡他的人說他是有邪惡魔法的巫師。受不了耳語的米諾忍無可忍之下，決定到外地闖一闖，希望能靠著獨特的聲音創造不平凡。

沒想到米諾來到全世界最奇怪的國家——謊話國。在這裡小貓汪汪叫、小狗喵喵叫，麵包店裡賣文具，文具店裡賣麵包……所有的事情都顛倒了，每個人都被迫說「顛倒話」。被搞得很糊塗的米諾，在打聽之下才知道，原來這個國家的國王曾經是海盜，為了隱藏這樣的過去，國王下令所有的詞彙都要顛倒，說實話的人就會被抓去坐牢。

無法接受這種不合理制度的米諾，決定和三腳貓一起大聲說出「真心話」，米諾用自己的大嗓門，唱垮了這個王國，拆穿國王的假象，而一直被壓迫的老百姓也跟著群起反抗推翻國王的暴政，終於，大家可以不必再說謊。最後，米諾更順利的化解了一場可能會發生的戰爭。

生命共同題｜真心話才能搭起信賴

謊話國的國王為了隱藏自己曾經是海盜的祕密，逼迫全國的人民和動物都要說顛倒是非的謊話。剛開始在強權的威脅下，大家只能敢怒不敢言的遵守，但是積怨一久，謊言終究一個一個的被拆穿了。義大利著名童書作家羅大里，用一個可愛的故事，告訴孩子任何的謊言與倒行逆施的手法，終究會被拆穿，只有真誠的面對自己和他人，說出真心話才能建立信賴的燈塔。

心情轉運站

- 米諾為什麼要離開自己的家鄉？他有什麼不得已的苦衷嗎？
- 「謊話國」中令你印象最深刻的畫面和人物是什麼？為什麼？
- 故事中的「三腳貓」是從哪裡來的？牠又扮演怎樣重要的角色呢？
- 米諾最後有運用他的「大嗓門」造就不平凡嗎？請和大家分享你的想法。
- 你覺得賈柯莫國王做錯了什麼事？如果你是他的朋友，會給他什麼樣的建議？

小活動

你有沒有一直隱藏在心中的話，或者想要誠實面對的事情？動手做張卡片，將心中的真心話用 100～200 字寫下來，傳遞給對方。

info

謊話國

作者：強尼・羅大里
繪者：薇蕾莉亞・佩特羅
譯者：倪安宇
規格：平裝｜208頁｜17×23 cm
出版社：天下雜誌
出版日期：2010年12月初版

（圖片提供／天下雜誌）

作者　強尼・羅大里　Gianni Rodari

1920年生於義大利，1970年獲頒童書界最高榮譽安徒生大獎，是20世紀最偉大的兒童文學作家之一。從師範院校畢業後，曾任小學老師、記者和兒童副刊編輯，也辦過兒童雜誌，非常了解兒童心理。1940年代開始寫童謠和童話故事，以源源不絕的想像和創意，為孩子帶來驚喜和感動。羅大里一生創作無數，包括《小洋蔥頭冒險記》、《藍箭號》、《謊話國》和《電視機裡的吉普》等。作品已被翻譯成五十多國語言，陪伴世界各地的孩子成長。

繪者　薇蕾莉亞・佩特羅　Valeria Petrone

1965年生。在義大利取得藝術學位後，赴倫敦就讀聖馬丁藝術學院。1988年開始從事童書、報紙及雜誌的插畫工作。義大利、英國、美國、法國、日本皆有作品出版，畫風童趣幽默。

譯者　倪安宇

淡江大學大眾傳播系畢業，威尼斯大學義大利文學研究所肄業。旅居義大利威尼斯近十年，曾任威尼斯大學中文系口筆譯組、輔仁大學義大利文系專任講師，現專職文字工作。譯有《馬可瓦多》、《白天的貓頭鷹／一個簡單的故事》、《依隨你心》、《虛構的筆記本》、《魔法外套》、《巴黎隱士》、《在你說「喂」之前》、《跟著達爾文去旅行》等。

想睡的男孩

適讀年齡：國小高年級以上

故事簡單說

十二歲的尼諾是個出生在里約熱內盧貧民區的男孩，貧民區裡充斥著毒品、搶劫等事件。媽媽過世後，尼諾明白如果一直待在貧民區，他連打架都不會，肯定會無法生存，於是他決定離開家鄉到城市討生活。

一路上，無論是在路邊行乞或到工廠打工，尼諾每天最渴望的就是一頓溫飽、一張能夠好好睡覺的床。他想睡，因為夢裡的他可以化身為英勇的衝浪好手，或是開著跑車的足球選手、乘著魔毯飛翔的珠寶商人……等，暫時遠離現實生活的困頓。

尼諾在乞討的過程，愛上了賣飲料的年輕女孩。也遇見了一個總是對他伸出援手的好心人，給了他一些錢讓他能買一件像樣的衣服好去找一份工作。後來，他順利進入製作牛肉罐頭的工廠工作，卻被朋友騙走他努力賺來的工資。後來更得知他暗戀的女孩，因為偷竊了飲料店的錢，被發現後羞憤自殺。

經過重重的打擊，尼諾始終相信媽媽留給他的無價財富：「真誠、不偷竊」。靠著自己對人性的信任和樂觀，終於爭取到一個充滿希望的工作機會，他用自己的真誠和信用，一步步朝向那些夢想，大步前進。

生命共同題｜只要真誠的活著，幸福終有一天會到來

生活中總有需要突破的困境，書中的尼諾遇到的困境是許多孩子無法想像的，想求一頓溫飽、想睡一個好覺，聽起來多麼微小，但對尼諾來說又是多麼巨大！但一路行乞的尼諾，卻從未曾有過一個壞念頭，不曾有過自暴自棄的想法，相反的，他想要靠自己的努力，扭轉自己的人生，他心中所保有的是媽媽留給他「真誠、不偷竊」的信念。在這個故事裡，孩子能看見的是一個赤誠而踏實的靈魂，如何不屈不撓、勇敢踏出每一步，建立一個被信賴、被尊重的人生。

心情轉運站

- 尼諾身無分文，也知道離開貧民區的困境，但是為什麼還是堅持離開故鄉？請你說一說你的觀察和想法。
- 為什麼尼諾會覺得睡覺好比身處在天堂般美好？
- 你曾經有被朋友背叛的經驗嗎？那是什麼樣的情況？如果你是尼諾，被羅伯托欺騙時，你能想像當時的心情嗎？
- 對於瑪莉娜因為偷錢而選擇自殺，你有什麼感想？有其他更好的解決方法嗎？這段情節的安排是否有什麼對比的用意呢？
- 你覺得尼諾有突破困境、找回被信賴和尊重的人生嗎？他做了哪些努力？

小活動

為什麼故事中會穿插一些看似無關的片段？作者的用意是什麼？現在請你利用500～600字，進行一場「想飛的夢境」寫作。

info

想睡的男孩

作者：米榭・布雷
繪者：恩佐
譯者：蕭淑君
規格：平裝｜ 128 頁｜ 25K
出版社：飛寶出版
出版日期：2007 年 10 月初版

（圖片提供／飛寶出版）

作者　米榭・布雷

特立獨行的 41 歲加拿大編輯、作者及媒體工作者。不但多才多藝，精通法、英、俄、保加利亞等八種語言，並且創辦「Les Intochables」出版社，獨具慧眼，力排眾議，出版非主流、非官方的文學作品，從而使他們成為暢銷作家而聲名大噪。2006 年 1 月，他又以媒體的良心自居，不應「為了看過就丟的報紙而砍伐樹木」為由，發行網路報紙 Mir（網址為 www.journalmir.com），並擔任主編。同時又為加國知名作家，至今已出版多本小說。在 2006 年 5 月自己開設酒吧，號稱不播放英文歌曲，以具體的行動表現他對法語系的熱愛，及反對美國文化的強力蔓延。

第
12
章

相信自己，獲得信賴

《肚子有一朵雲》

《我們不是小偷》

《35 公斤的希望》

肚子有一朵雲

適讀年齡：國小中低年級

故事簡單說

艾略特最喜歡說故事了，加上細心觀察、創意無限，無論是小蒼蠅飛過或是蝸牛爬行的痕跡，都能讓他想出一個新故事。雖然大家都愛聽他說故事，但是爸媽和老師卻受不了艾略特在想像時，嘴巴開開的蠢樣子。

為了制止這個壞習慣，有一次，爸爸趁艾略特在觀察天上千變萬化的雲朵時，故意說：「如果你嘴巴一直張開，可是會吞下一朵雲喔！」艾略特立刻閉上嘴巴，從此就再也不說話了，而且只有吃飯時才微微張開嘴。大家都很擔心艾略特是不是發生了什麼事，後來才知道原來他害怕肚子裡的雲飛走。原先想盡辦法要改掉艾略特壞習慣的爸爸媽媽，最後承認自己對孩子撒謊，而且連醫生都說嘴巴開開的艾略特一點問題也沒有。終於，艾略特又可以開心的想故事、說故事，做自己最喜歡的事。

生命共同題——別因為謊言而瓦解信賴

隨口對孩子說些荒誕的事情，例如最常聽到的「再哭，警察要來囉！」這樣的話語聽起來似乎無傷大雅，但對孩子而言，他們是用認真與信賴的態度在看待父母的言行，故事中的艾略特也是因為信賴爸爸說的話，真的以為自己吞了一朵雲，深怕肚子裡的雲朵會因為張嘴飄走而緊閉不語，反而引起大家的驚慌。信賴的建立不易，無論當初說謊的動機為何，千萬深思小小的謊言可能帶來的信賴瓦解。

心情轉運站

- 為什麼艾略特的爸爸媽媽和老師會禁止他張開嘴巴？
- 你最喜歡艾略特在書中說的哪個故事？為什麼？
- 艾略特緊閉嘴巴的原因是什麼？
- 艾略特能再次張開嘴巴的關鍵是什麼呢？
- 你自己有沒有什麼是爸爸媽媽一直禁止的「壞習慣」？你覺得那真的是「壞習慣」還是無傷大雅呢？若是彼此意見相左的時候，你會怎麼和他們溝通？

小活動

張開嘴巴除了可能會吞下一朵雲之外，現在請你發揮想像力，先在圖畫紙上畫出張大嘴巴的自己，然後把可能會吞下的東西，都畫在大大的肚子裡吧！

info

肚子有一朵雲

作者：吉勒．阿比耶
繪者：凱蒂．克勞瑟
譯者：林淑真
規格：平裝｜128 頁｜13×19cm
出版社：典藏藝術家庭
出版日期：2008 年 6 月初版
（圖片提供／典藏藝術家庭）

作者　吉勒．阿比耶

1970 年生於巴黎，待過英國倫敦及曼徹斯特，在當地學校研讀戲劇及劇本寫作。他擅長青少年小說，著作包括《壞朋友》和劇本等。

繪者　凱蒂．克勞瑟

1970 年比利時出生，從布魯賽爾的聖．呂克大學造型藝術系畢業。她的第一本繪本作品《我的王國》得到廣大的好評，還畫了無文字繪本《去逛一逛》，並於 2010 年獲得林格倫紀念獎的榮譽。

譯者　林淑真

巴黎二大新聞傳播碩士，曾任報社雜誌社記者、編譯、出版社編輯，及連鎖書店外文圖書採購。

我們不是小偷

適讀年齡：國小高年級以上

故事簡單說

當一個專業小偷，是大埔村代代相傳的神祕傳統，不分男女老少，只要身為大埔村的村民，就要擁有一身偷竊的好本領。十二歲之前，先在村子裡完成偷竊基本訓練，年滿十二歲的隔天，就要帶著村民指定的禮物清單，獨自去外地展開連續七天的偷竊「成年禮」。

然而，這個傳統對一點也不想成為小偷的小杰來說，真是矛盾又無助。因為十二歲生日的當天早上，正好是他接受學校模範生表揚的日子，而晚上就是大埔村小偷「成年禮」的慶祝派對。不想欺騙自己，也不想欺騙大家的小杰，為即將到來的這一天掙扎痛苦好久。幸好在求助老師之後，老師想出辦法幫助小杰，讓他勇敢面對自己真正的想法。最後，小杰如願的成為大家信賴的模範生，同時，也讓大埔村的小偷傳統，有了全新的面貌。

生命共同題──勇敢說出正確的想法

我們最常遇到的是，因為是傳統，所以不明就裡的遵守，因為大家都說要這樣，所以儘管不願意也會壓抑自己的抗拒，努力去配合。在故事裡，我們可以看見小杰的掙扎，模範生與小偷是兩個對比多麼強烈的角色，卻同時發生在他的身上。但跟小杰的爸爸還有舅公不同的是，他勇敢說出自己內心的想法。而他比爸爸幸運的是，他獲得了爸爸與其他的人支持，終至能夠突破傳統，還為村子開創了新局面。在這個故事裡，值得親子共同思考的是，當我們面對一個有問題的權威與傳統時，怎麼去信賴一個正確的價值觀，勇敢做出判斷，勇敢堅持做對的事。

心情轉運站

- 請問大埔村的特色是什麼？他們的成年禮又是什麼呢？
- 小杰為什麼要向老師求救？最後他是怎麼解決問題的？
- 大埔村的村民真的都想當小偷嗎？如果不是，那麼你覺得他們欠缺了什麼？
- 「祖公」真的是要大家當小偷嗎？「祖公簿」想要留給子孫的意義是什麼？
- 如果你是小杰，會屈就選擇參加「成年禮」嗎？還是勇敢面對自己的心？或者，你還有其他更好的方法？

小活動

故事最後大埔村有了全新的規劃。現在請你發揮創意，用200～300字，寫出另類、有創意並符合大埔村特色的觀光宣傳廣告。

info

我們不是小偷

作者：包包福
繪者：許育榮
規格：平裝｜208 頁｜25K
出版社：九歌出版社
出版日期：2010 年 8 月初版
（圖片提供／九歌出版社）

作者　包包福

臺中縣東勢鎮客家人。臺大歷史系畢業，臺東師院兒童文學研究所碩士。曾任兒童雜誌編輯，現為臺中市國小教師。曾獲臺灣省兒童文學獎、九歌現代少兒文學獎等獎項。

繪者　許育榮

水瓶男。一個生活在城市，習慣用畫筆和簡單的文字記錄下生活的美好的路人甲。目前為專職插畫工作者，作品散見於各報。2007 年、2008 年出版禮物書“memory”、“journey”。曾獲得福報文學獎、BenQ 真善美獎，並參與桃源美展、雲門文教基金會補助參加流浪者計畫……

35公斤的希望

適讀年齡：國小高年級以上

故事簡單說

討厭上學的小奎，成績實在太差了，小學時就創下被退學兩次的紀錄，而且還沒有學校願意收留他。雖然小奎在課業上屢屢遇到挫折，可是每次動手做工藝、畫設計圖時，驚人的想像力總讓大家對他刮目相看。只是，這樣的天份比不上成績單上的數字，無法達成社會期望的他，是一個輟學在家，被嫌棄的孩子。幸好，爺爺沒有放棄他，即使連小奎都要放棄自己了。爺爺告訴他，沉溺在自怨自艾中，是無法脫離困境的，無論再怎麼逃避，也只是在原地打轉。

為了不讓爺爺傷心，小奎決定尋找可以發揮興趣的職業學校，雖然體重只有三十五公斤，要負荷職業學校的粗重課程是有些吃力，但他還是勇敢的迎接挑戰。從上網找學校、撰寫推薦信，準備入學考試，小奎一步步的完成自己和爺爺的夢想，最終在新學校找到全新的自己，並贏得大家的信賴，成功扭轉人生。

生命共同題｜當全世界都放棄你時，只有靠努力去證明自己

在這個社會上，不是每一個孩子都能夠適應相同的體制，完美達成大人的期待。故事中的小奎代表了某種類型的孩子，他們並非不上進，而是他們的專長不見容於升學掛帥的體制，因而被邊緣化，就像小奎在小學六年就被留級了兩次，落得沒有學校可讀的窘境，自己心中也充滿了不愉快。但幸好小奎有個好爺爺，他告訴小奎讓自己沉溺在自怨自艾中，是一種不負責任的態度，只有對自己負責，人生才能重新開始。透過這個故事，可以讓孩子去思考，面對生命的困境，究竟要用什麼樣的態度去迎接挑戰？

心情轉運站

- 小奎的興趣是什麼？為什麼父母和老師都不支持他的興趣？你也有不被支持的興趣嗎？
- 故事裡，扮演小奎生命中「伯樂」的角色有哪些人？他們給予他什麼樣的幫助？
- 一直支持小奎的爺爺，為什麼會對他說重話？爺爺有因此放棄他嗎？
- 小奎成功的關鍵是什麼？單純只是因為爺爺的鼓勵嗎？
- 小奎是如何靠著自己的單薄之力，扭轉頹敗的人生？他最後有成功嗎？

小活動

你曾經有過面對挫折的經驗嗎？是勇敢挑戰它？還是選擇逃避呢？請從故事中選擇你最喜歡的一段話，加上曾有的經驗，寫下你突破困境的故事。

info

35 公斤的希望

作者：安娜・戈華達
譯者：邱瑞鑾
規格：平裝｜176 頁｜13.5×19cm
出版社：飛寶出版
出版日期：2009 年 3 月初版
（圖片提供 / 飛寶出版）

作者　安娜・戈華達

1970 年生於巴黎，1994 年任職於法國教育部，1999 年以其第一本短篇小說集《我知道有人在什麼地方等我》登上法國暢銷排行榜，並獲得讀者與專業人士共同票選的 Grand Prix RTL-Lire 獎（此獎乃首度頒給短篇小說作者），當時書評讚譽她為「穿著裙子的桑貝」。之後所出版的每一本書至今仍在排行榜上，堪稱法國文壇傳奇。
2004 年出版長篇小說《在一起就好》，再度掀起風潮，跨越了壁壘分明的閱讀分齡界線，締造書市銷售紀錄。戈華達被譽為說故事的天才，為當代法國最知名的暢銷作家，現與兩個孩子居住在巴黎南部郊區。

譯者　邱瑞鑾

東海大學哲學系畢業，法國第八大學法國現代文學博士預備班畢業。譯有《小姐變成豬》、《潛水鐘與蝴蝶》、《從前的從前，蛇有 1000 隻腳》、《有很多為什麼的書》、《讓人生病的怪獸》等書。

信賴主題活動單

你是我的眼

眼睛除了能讓我們看見周遭美麗的事物，眼睛也能讓我們閃避危險和障礙。如果沒有了視覺的保護，只有身邊夥伴的引導，是否能放下防備，將信賴交付給他？這個活動除了讓孩子培養身體對周遭事物的敏感度，也藉由這個信任夥伴的團體活動中，訓練彼此的信賴感和默契。

所需教具

一條不透光的蒙眼布，一個小布袋或者塑膠袋。

活動地點

A：室內

學校體育館、舞蹈教室或者空曠鋪有軟墊的遊戲間，如果要在教室進行，則須將教室課桌椅排成ㄇ字型，中間空出一塊空地來。

B：室外

避免於馬路上及有車輛來往的地方。學校操場、中庭花園或較空曠的場地，只要注意實施上的安全即可。

活動設計

1. 在行進的路線上擺放各類型的障礙物、桌椅、箱子、三角錐等，利用這些障礙物，將教室佈置成一個可站、可坐、可上下或轉彎的半開放式空間。
2. 活動過程中，帶領者須抽一張「任務牌」，並引導蒙眼者拿取牌卡上的兩項物品。

注意事項

1. 「帶領者」若發現「蒙眼者」因恐懼而行動較慢時，必須有耐心的慢慢引導對方，不能催促和責備對方，培養彼此的信任感，克服心中的恐懼感。
2. 老師或家長要特別注意安全，防止意外的產生。準備活動前要與孩子約法三章，不能有傷害他人或者惡作劇陷害夥伴。

步驟一

2 人一組，組員由抽籤決定，並決定誰先蒙上眼睛。蒙上眼睛的同學須將自己放心的交給另外一位同學帶領。將自己的一隻手，平放在「帶領者」手臂上。(整個活動中，兩人身體接觸的部分僅限於此。)

步驟二

過程中僅能靠著「帶領者」口頭的提醒和指示，不能拉扯。

步驟三

各組去程與回程，角色必須互換。

活動回顧

Q1：抽中的組員是你心中的第一人選嗎？那你們有成為合作的好夥伴嗎？

Q2：蒙上眼睛的時候，你的心情會緊張害怕嗎？還是有其他不同的感受？

Q3：活動的過程中，你覺得要克服的困難和障礙是什麼？

Q4：你覺得你有當個稱職的「帶領者」嗎？為什麼？

Q5：經過這個活動，你得到什麼收穫？

附錄

除了選書和學習單設計的困難，其實最令家長和老師們困擾的是如何帶領孩子們共同閱讀，讓孩子喜歡上閱讀並大方與人分享閱讀的心得。因此這個單元將從「親子共讀讀書會」、「親子之間共讀」兩個方向，帶領老師及家長進入親子共讀的樂趣中。

親子共讀讀書會

性質：團體班級性活動

活動預定時間：60分鐘

參與者：由老師帶領並邀請家長與孩子共同參與

帶領者的事前準備：

1. 應於讀書會二至三個星期前，公布親子讀書會的討論書籍。
2. 熟讀討論書籍作者的基本資料。（查詢作者創作本書的動機）
3. 熟讀討論書籍並決定當次讀書會討論的主題方向。
4. 從設定的主題，發想相貼近的生活經驗。
5. 除原本設定之主題，仍需準備二至三個備案延伸主題。

讀書會流程：（以友情《讓我們看雲去——王維 孟浩然》文／張維中／天下雜誌 為例）

①引導者開場白，簡單介紹當天參與讀書會的家長和孩子，讓彼此認識。（5分鐘）

②引導者說明讀書會之規則和注意事項。（3分鐘）

③引導者簡單介紹書中作者的生平背景以及創作這本書的動機。（5分鐘）

作者張維中旅居日本時創作了這本書，而故事背景就設定在與唐朝有著淵源的日本奈良。奈良位於日本關西，是日本的古都。如今在奈良附近的「平城京」遺址，就是日本奈良時代的首都，據說當時平城京的規劃，即是仿照唐朝的長安城格局所建立的。作者巧妙的將盛唐時期的長安城，與奈良時代的平城京連結起來，讓一千多年前的詩人王維和日本遣唐史阿倍仲麻呂等人，與生活在二〇三〇年的少年雲仔，有著一場超越時空的精采奇遇。

④引導者簡單說明書中內容大意，並邀請參與者分享自己閱讀的心得。（10分鐘）

生活在二〇三〇年的雲仔，在失去好朋友阿立後，陷入了深深的憂鬱。他封閉自己，把思念的心情及想對阿立說的話都寫成一篇篇的日誌，因為雲仔相信，總有一天，阿立還是會讀到這些雲仔寫給他看的心裡話。為了治療雲仔的憂鬱症，媽媽帶他到日本旅遊。當雲仔一個人在奈良樹林裡散步時，無意間撿到一本筆記本，沒想到他的體質竟因此產生詭譎的變化，他遇見了神祕的杰哥、阿倍君和毛筆先生，以及一場不可思議的時空之旅。雲仔在唐代與二〇三〇年的時光隧道裡穿梭，也經歷了一段段友誼、親情、思念與告別。

⑤引導者可以藉由問答的方式讓親子重新溫習書中的內容。（5分鐘）

Q1：如果只有一天的時間讓你遇到故事中的角色，你會選誰？你會如何安排？請和大家分享你的計畫和想像。

Q2：在故事裡提到日本哪個城市是模仿唐朝的長安城建造的呢？就你的觀察，有沒有哪些日本文化或者名稱是跟中國唐代有關的呢？

Q3：在故事當中，有沒有哪個片段是最令你印象深刻的呢？

⑥引導者由自身的生活經驗和體會中，公布讀書會的討論主題。（10分鐘）

引導者可先拋磚引玉的分享生活中的經驗，例如：每天陪伴玩耍的寵物老死了、最好的朋友轉學或者不告而別……等。引導出討論主題：

●**生命共同題**：

「孩子別哭泣，讓我們看雲去」——走出朋友離別的憂傷生活裡會因挫折、告別、思念或寂寞而感到憂傷，如果無法走出悲傷的圈圈，傷心的不單是自己，連關心你的人也會被你的情緒所牽動。這時，可以試著改變心情、讓自己開心起來。千萬不要用傷害自己的方式來紓解悲傷，因為那只會更加重情緒的重量而已。唯有努力打開心窗讓陽光灑入，才有雨後天晴的美景。藉由自身的故事分享，引起孩子和家長的共鳴，時不時再以穿插的問答方式，引導主題的發想。例如：

Q1：如果你是雲仔的朋友，你會怎麼幫助他走出難過的心情？或者如何鼓勵他？

Q2：你經歷過與朋友分離而無法再見面的經驗嗎？當時心情如何？後來是怎麼找到傷心的出口？用什麼正面積極的方法呢？

⑦引導者藉由親子間的討論，延伸團康活動或者討論其他子題。（15分鐘）

●**延伸活動：**

Q1：故事中提到許多王維及孟浩然的詩作，請選擇其中一位詩人，找一找他的生平背景，並選擇你最喜歡的一首詩，試著分享詩中最令你喜愛的部分和心得

分享。（親子之間也可以選擇一首詩共同仿作）

⑧引導者集合歸納大家分享的經驗和心得，總結讀書會的成果。（3分鐘）

讀書會注意事項：

1. 尊重每個人的意見，對於他人的發表意見絕不批評和惡言相向。
2. 希望參與者的意見愈多愈好，每個人最少要有兩次以上發言。
3. 除了當天的討論主題，歡迎參與者從自己閱讀書中的不同角度自由聯想。
4. 可以藉由其他參與者的不同想法意見互相交流。

難題急救箱：

1. 參與者不發一語

引導者可分享自己的生活經驗和對於主題的想法，請孩子們先來說一說自己的想法，再轉由家長分享生活經驗。

2. 參與者並沒有看完本書

讀書會上時常會遭遇的狀況就是家長只是陪同孩子來，並沒有完全閱讀當天討論的書籍，所以當遇到這種情況時，引導者可以先說明書中的內容大意，並公布討論的主題讓家長能很快的進入讀書會的討論狀況。

3. 討論時偏離主題

讀書會上，時常會遭遇家長或者孩子偏離當天討論主題的意見。此時引導者要適時的將主題導回正題，若是不錯的延伸想法，可將此子題放入延伸討論當中。

4. 參與者對討論主題沒有興趣

當面臨參與主對於討論主題興致缺缺的時候，不要繼續硬撐打轉，可回憶參與者心得分享時，較有趣或者引起共鳴的主題，轉換討論的方式。

5. 當參與者意見相左

因為討論的主題答案並非唯一，意見勢必不同，引導者除了要參與者互相尊重彼此的觀念之外，若是遇到意見較偏激會引導孩子錯誤觀念的意見時，要即時導正並說明理由。

循循善誘，父母的天命

文—張曼娟

打打鬧鬧，是朋友間的樂趣，卻是親子關係中的悲劇。父母用最尊重孩子的方式把孩子帶大，卻有著巨大的焦慮與感傷：「我這麼尊重他，他為什麼不尊重我？」

我在一家餐廳的候座區排隊，旁邊有三個小學二、三年級的孩子，正在聊天。他們長得都很漂亮，衣裳、鞋襪和背包顯然經過精心打理，若不是時尚名牌，肯定也是設計師款式，任何一個孩子都可以立刻上場走秀或登上童裝目錄。孩子們聊天的內容又是什麼呢？

第一個男孩說：「我們家裡我最大，我想看什麼電視，全家人都要陪我看。」

第二個女孩說：「看電視根本沒什麼。我媽媽說我才是我們家的大王，我想要什麼，他們都要買給我，不然我就哭，他們最怕我哭了。」

第三個女孩抿著嘴笑，輕聲說：「那有什麼了不起。」她圓亮亮的眼珠轉向兩個同伴：「你們敢打你爸媽？」

第一個男孩說：「小時候會打啊。」

第二個女孩附和的點頭。

第三個女孩露出勝利的微笑：「我是說，現在。我敢打我爸耳光喔。」

小女孩的表情和語氣使我不寒而慄，雖然只是個孩子，她已經掌握了自己的權力，她在父母身上試驗並開展她的權力範圍。她當然明瞭自己的權力是父母愛的給予，她選擇回報的卻是耳光——用暴力與屈辱加諸於愛她的人。

我想起媽媽說過的諺語：「兩歲打娘，娘會笑；二十打娘，娘上吊。」打打鬧鬧，是朋友間的樂趣，卻是親子關係中的悲劇。

今日的父母親，昨日仍是孩子時，與父母的關係往往都是緊繃的。那時的父母親可不懂什麼兒童心理學，他們服膺的父母學，是「嚴加管教」，或是「棒下出孝子」。昨日孩子在體罰或壓抑下成長，不禁在心中勾勒未來的藍圖：「絕不打罵小孩」、「要當他們的朋友」……

昨日孩子成為今日父母之後，用最尊重孩子的方式把孩子帶大，內心卻有著巨大的失落、焦慮與感傷：「我這麼尊重他，他為什麼不尊重我？」

論語箚記・玖

子曰：「愛之，能勿勞乎？忠焉，能勿誨乎？」——憲問篇第十四

孔子說：「愛護一個人，怎能不訓練他，讓他常常勞動呢？真心為一個人好，怎麼能不規勸教導他呢？」

父母親心心念念要給孩子最大的尊重，於此同時，是否思考過，自己尊重了「父母」的身分與天職嗎？是的，父母，乃是一種身分，更是一種責無旁貸的使命，承擔

著教養子女的任務。有些父母帶著童年的創傷，為了怕傷害孩子的感覺，小心翼翼，動輒得咎，最後成了不敢拂逆兒女的「孝子」、「孝女」。等到孩子的心性被養得驕縱、傲慢，成了家中的霸王，父母親感到大勢已去，急著揭竿起義，想要收復失土，為時已晚。父母親的失策，不在於後來的管教失當，而在於應當管教時錯失良機。

愛一個孩子，不僅是尊重而已，更應該教導他，讓他明白做人做事的道理，給他規範和約束，讓他知道，這世界並不是因他而存在的。

許多孩子在密不透風的保護下成長，功課由家教幫著做；書包由菲傭幫著背；鞋帶由父母幫著繫，他們從不需要為「活著」付出一點勞動力。除非父母親可以確保孩子一生都有人服侍，否則，等到他必須為自己勞動的時候，不僅手足無措，還會有更大的懷疑與挫折。

曾經，小學堂的夏令營裡，有個被寵壞的小霸王，已經小學五年級了，卻總要老師蹲下來為他繫鞋帶，他說在家裡都是阿公、阿媽和爸爸、媽媽幫他繫的，他說他不會繫鞋帶。「你真的連鞋帶都不會繫啊？」我問他。

那孩子笑笑的看著我，眼中閃動著優越的光：「對啊。所以，你要幫我繫鞋帶。」

「這樣啊，」我俯下身，停頓三秒鐘，把自己的鞋帶解開，對他說：「那我來教你吧。不然，你都快要念完小學了，連鞋帶都不會繫，會被人家取笑的。」

孩子完全沒料到會是這樣的結果，他只好跟著我一次又一次的學會繫鞋帶。當他完成了繫鞋帶的功課，我拍拍他的手背鼓勵他：「看！你做得很好。以後，不但不用人家幫忙，還可以幫阿公、阿媽繫鞋帶喔。」

我衷心希望，他學到的不僅是繫鞋帶的功課而已。

論語劄記．拾

顏淵喟然歎曰：仰之彌高，鑽之彌堅，瞻之在前，忽焉在後。夫子循循然善誘人，博我以文，約我以禮，欲罷不能……——子罕篇第九

顏淵讚歎的說：「仰起頭來看，比想像更崇高；深入去挖掘，比想像更堅毅。眼

看著在面前，忽然發覺又到了身後。老師就是這樣緩慢而持續的引領著我們，用他的知識與經驗開闊我的眼界，又用規範與約束使我成為謙恭有禮的人，就算我想停下腳步，卻不由自主往前走……」

顏淵讚歎的是孔子的「為師之道」，而這不也是「父母之道」嗎？

父母親應該樹立起既高且深的形象，尤其是在孩子小時候，不管父母的社經地位如何，孩子都會依戀的愛著父母親。因為，除了父母之外，他們別無所有，這也正是父母在孩子心中建立形象的好時機。

父母親要仔細的觀察孩子心性，在適當的時候，提出糾正，讓孩子知道，我一直在注意你，你的言行舉止代表了家教，也代表著父母親。

孩子的腦部發育並未完全，容易衝動，往往會有所謂的「人來瘋」，瘋狂的奔跑，尖銳的喊叫，陷入一種迷失的狂熱中。我記得自己的童年，偶爾也會發生失控場面，這種時候，最渴望的，是一個能使我停止下來的大人。當父親或母親攫住心跳加速、胸腔快要爆炸的我，雙手捧住我的臉，注視著我的眼睛，堅定的對我說：「乖，你現在太激動了，要冷靜一下。來！我們休息一下。」當他們牽著我的手，把我帶到一邊去「冷靜」的時候，我一邊喘息，一邊升起一種解脫的鬆弛和安心。

父母的手，推動著孩子向前，也終止孩子停不下來的躁動。

論語箚記．拾壹

子曰：名不正，則言不順；言不順，則事不成；事不成，則禮樂不興；禮樂不興，則刑罰不中；刑罰不中，則民無所措手足。——子路篇第十三

孔子說：「名分若不正當，說出來的話就沒有分量；說話沒分量，想要做的事當然無法成就；事情做不成，便無法建立禮樂；禮樂無法建立，刑罰就不能有效實施；刑罰無法實施，那麼，百姓便會覺得茫然失措，無所歸依了。」

當我聽見父母親宣稱：「我不想當孩子的父母，我想當孩子的朋友。」這樣的話，總是十分憂心。父母不想當父母，那麼，該由誰來擔負父母親的神聖使命呢？父母親是兒女靈魂的雕塑師；是最偉大的藝術家；是孩子來到這個世界上，全心全意仰望與愛慕的第一個對象，假若父母不想當父母，首先辜負的就是孩子啊。怎麼竟還以為這是愛孩子的表現呢？或者竟以為這是最新穎時尚的想法？

孩子的一生會遇見很多朋友，鄰居、同學、網友、同事……甚至是常常在捷運上巧遇的人，都可能成為他的朋友，他們從不缺少朋友。而父母親，只能有一個，無比珍貴，絕無僅有。

當我鍾愛的姪兒幼年時，我常喜歡跟他說：「嘿！你是我最好的朋友啊。」剛開始他很開心，漸漸的，沒那麼熱絡了，直到他念小學四年級的某一天，突然這樣回應：「我們不只是朋友而已，我們是血緣之親，你是我姑姑。」他的表情很認真，近乎嚴肅。我立即收斂了笑嘻嘻的臉孔，慎重點頭：「你說得很對。」

孩子其實可以清楚分辨，朋友與親人的不同，朋友與父母親更加不同。我們怎麼甘願用「父母」這麼稀罕珍貴的身分，去換取那麼普遍廣泛的「朋友」稱謂呢？這不是有點降格以求了？

天將降大任於斯人也，父母親是一種天命。先把父母的天職做好，讓孩子愛你、敬你，長大後的孩子會明白，父母的意義與價值，遠遠超越朋友。孩子對父母的愛，也將欲罷而不能了。

（摘錄自親子天下雜誌第14期張曼娟「讀論語帶小孩」專欄）

中低年級書單

繪本

《像不像沒關係》作／繪者◎湯姆牛／小天下

《把帽子還給我》作／繪者◎梅田俊作／小魯文化

《你很特別》作者◎陸可鐸／繪者◎馬第尼斯／道聲出版社

《艾蜜莉的畫》作／繪者◎彼得．加泰隆諾多／東方出版社

《什麼都不怕》作者◎哲也／繪者◎陳美燕／小魯文化

《不要朋友的長耳兔》作／繪者◎鬼頭浩惠／三之三

《熊與山貓》作者◎湯本香樹實／繪者◎酒井駒子／小天下

《小小猴找朋友》作者◎賴曉珍／繪者◎王書曼／小天下

《我的朋友小結巴》作者◎碧雅翠絲・芳塔內／繪者◎馬克・布塔方／阿布拉教育文化

兒童小說

《飛行刺蝟》作者◎阿涅絲・德・雷史塔德／繪者◎夏洛特・德・林涅希／天下雜誌

《大舌頭》作者◎荷莉／繪者◎張睿洋／狗狗圖書

《西貢小子》作者◎張友漁／繪者◎達姆／天下雜誌

《我是胡阿珠》作者◎王素涼／繪者◎施佩吟／小兵出版社

《蛋糕學校》作者◎荷雪・侯司法特／繪者◎王孟婷／天下雜誌

《打架天后莉莉》作者◎哈雪・蔻杭布莉／繪者◎茱莉亞・渥特絲／天下雜誌

《幫別人背書包的小孩》作者◎高定旭／繪者◎白南元／狗狗圖書

《謊話國》作者◎強尼・羅大里／繪者◎薇蕾莉亞・佩特羅／天下雜誌

《肚子有一朵雲》作者◎吉勒・阿比耶／繪者◎凱蒂・克勞瑟／典藏藝術家庭

高年級書單

《癡人》作者◎蔡宜容／繪者◎蔡宜芳／小魯文化

《花開了》策劃◎張曼娟／作者◎孫梓評／繪者◎潘昀珈／天下雜誌

《我家有個風火輪》策劃／作者◎張曼娟／繪者◎周瑞萍／天下雜誌

《女王，請聽我說》作者◎莫里斯．葛萊茲曼／遠流出版事業有限公司

《我的姐姐鬼新娘》作者◎鄭宗弦／繪者◎大尉／小兵出版社

《我是怪胎》作者◎王淑芬／繪者◎徐至宏／天下雜誌

《刺蝟釣手》作者◎陳景聰／繪者◎蘇力卡／小魯文化

《邊邊》策劃◎張曼娟／作者◎孫梓評／繪者◎蘇力卡／天下雜誌

《讓我們看雲去》策劃◎張曼娟／作者◎張維中／繪者◎謝祖華／天下雜誌

《吹口哨的孩子王》作者◎重松清／唐莊出版

《我是光芒！》策劃◎張曼娟／作者◎黃羿瓅／繪者◎王書曼／天下雜誌

《天鷹翱翔》作者◎李潼／繪者◎劉時傑─內頁插圖、張振松─封面插圖／聯經出版公司

《完美特務》策劃◎張曼娟／作者◎張維中／繪者◎謝介文／天下雜誌

《迷時回》作者◎劉芷妤／繪者◎吳宣儒／繆思出版

《盾》作者◎村上龍／繪者◎濱野由佳／大田出版

《想睡的男孩》作者◎米榭・布雷／繪者◎恩佐／飛寶出版

《我們不是小偷》作者◎包包福／繪者◎許育榮／九歌出版社

《35公斤的希望》作者◎安娜・戈華達／飛寶出版

誌謝

九歌出版社、三之三出版社、大田出版社、小天下、小兵出版社、小魯文化、典藏藝術家庭、東方出版社、狗狗圖書、阿布拉教育文化、飛寶出版、唐莊出版、道聲出版社、遠流出版事業有限公司、繆思出版、聯經出版公司

【張曼娟奇幻學堂】重讀經典，找回中文的奇幻與魔力

色

(作家張曼娟精心編選，以新編故事
典名作，找回中文的奇幻與魔力。
故事中融入青少年最關切的啓蒙成
，激發同理心，汲取人生智慧。
分經典原文，再與新編故事相互對
具閱讀的深度與及樂趣。
後均附「曼娟老師會客室」、「曼
私房教案」，提供教學與親子活動
參考。

榮譽記錄
★ 文化部中小學生優良課外讀物推介
★ 入選北市圖「好書大家讀」故事文學組
★ 德國法蘭克福書展臺灣館優良圖書推薦
★ 義大利波隆納童書展臺灣館優良圖書推薦
★ 榮登誠品、博客來書店暢銷榜

我家有個風火輪
封神演義．哪吒的故事

火裡來，水裡去
唐傳奇．杜子春的故事

花開了
鏡花緣．唐小山的故事

看我七十二變
西遊記．孫悟空的故事

【張曼娟成語學堂 I & II】看故事學成語，體會才能活用

色

作家張曼娟策劃、編選，以新編故
成語典故。
」、「好親近」的故事主題，幫助孩
活用。
語典故、解釋，及相似、相反的成
本書收錄的成語達150個以上。
的難易度分成中級、晉級、高級、
循序漸進的學習更有樂趣。

小學生優良課外讀物推介
隆納童書展臺灣館優良圖書推薦
、博客來書店暢銷榜

野蠻遊戲

尋獸記

我是光芒！

爺爺泡的茶

胖嘟嘟

完美特務

山米和浪花的夏天

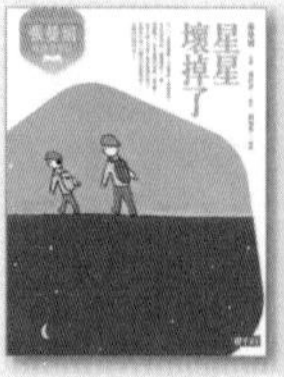
星星壞掉了

【張曼娟唐詩學堂】看故事學唐詩，啟發孩子對生命與文學的美感體驗

色

作者張曼娟策劃、編選，以新編故
古典詩作，啓發文學美感。
活經驗的主題，最能引發年輕讀者
心及認同感。
詩四大流派，每讀完一本書就能輕
一種唐詩派別。
首唐詩原文、語譯、賞析，詩人生
40首相關詩作。

榮譽記錄
★ 文化部中小學生優良課外讀物推介
★ 教育部國民中小學新生閱讀推廣計劃選書
★ 榮登誠品、博客來書店暢銷榜

詩無敵
—李白

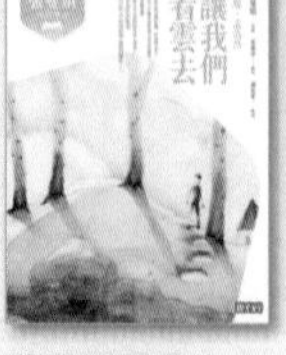
讓我們看雲去
—王維、孟浩然

邊邊
—邊塞詩

麻煩小姐
—杜甫

張曼娟閱讀學堂02

友好的閱讀樹

36 個給孩子的品格閱讀提案（二）

策劃｜張曼娟　文｜蔡盈盈
封面繪圖｜王書曼
責任編輯｜周彥彤　美術設計｜黃育蘋

發行人｜殷允芃　執行長｜何琦瑜
主編｜張文婷
版權專員｜何晨瑋

出版者｜親子天下股份有限公司
地址｜台北市104建國北路一段96號11樓
電話｜（02）2509-2800　傳真｜（02）2509-2462
網址｜www.parenting.com.tw
讀者服務專線｜（02）2662-0332　傳真｜（02）2662-6048
客服信箱｜bill@cw.com.tw　週一～週五：09: 00 ~17: 30
法律顧問｜台英國際商務法律事務所．羅明通律師
電腦排版．印刷製版｜中原造像股份有限公司
印刷廠｜中華彩色印刷股份有限公司
裝訂廠｜聿成裝訂股份有限公司
總經銷｜大和圖書有限公司　電 話｜（02）8990-2588
出版日期｜2012年5月第一版第一次印行
　　　　　2017年7月第一版第二次印行
定價｜300元
書號：BCKNA006P
ISBN：978-986-241-513-9（平裝）

訂購服務
親子天下Shopping｜shopping.parenting.com.tw
海外．大量訂購｜parenting@cw.com.tw
書香花園｜台北市建國北路二段6巷11號　電 話｜（02）2506-1635
劃撥帳號｜50331356 親子天下股份有限公司

親子天下 Education · Parenting Family Lifestyle
www.parenting.com.tw

國家圖書館出版品預行編目資料

友好的閱讀樹／蔡盈盈文；王書曼圖；張曼娟策劃. -- 第一版. -- 臺北市：天下雜誌, 2012.05
面；14.8 × 20.5公分. --（張曼娟閱讀學堂；2）
ISBN 978-986-241-513-9（平裝）

1.讀書會　2.閱讀指導　3.親子

528.18　　101006651